Ultra

図解

超訳 資本論

Das Kapital Translated

許成準

彩図社

はじめに

『資本論』を出版
マルクス自身が書いたのは全３巻のうち１巻のみ
Das Kapital
「資本」
という意味
2・3巻はエンゲルスがマルクスの遺稿をまとめて出版した
カール・マルクス
(1818〜1883)

『資本論』はビジネスマンの聖書

『資本論』は「労働者階級の聖書」と呼ばれてきた。

「そうか、私は労働者じゃないから、『資本論』は関係ないや」と思った、そこのあなた。ちょっと待って欲しい。

「労働者」というと、筋肉質の男たちがシャベルで土をすくったり、建築材を運んだりする場面が想像されるが、ここでの「労働者」とは、資本家に雇われて働く人の総称である。

会社のために働いて給料をもらって生活する人は、すべて労働者である。

日本では『資本論』という題名で知られているが、元の題名は『Das Kapital』、つまり『資本』だ。この本は**「資本」それ自体についての本**なのだ。

『資本論』が分析したのは「資本とは何か」「資本はどう動くか」「資本家は資本をどう活用するか」「なぜお金持ちはどんどんお金持ちになり、貧乏人はさらに貧乏になるか」といった、**資本主義の構造**についてだ。

まさに、現代社会を動かすシステムの解剖書である。だから現代風に言うならば、『資本論』は**「ビジネスマンの聖書」**だろう。

いま『資本論』を読む意味

著者のカール・マルクスが生きたのは、産業革命の直後である。

この社会の構造を理解して生き残る力を身につけよう

[本書のメリット]

①
超訳
＋
図解
で分かる

②
私たちが生きる
資本主義
社会の構造
を理解できる

③
この世界で
生き残れる
競争力
が身につく

彼はその産業革命のメッカと言えるイギリスで活動した。機械文明の発達と生産性の飛躍的な向上で巨大な富が生み出され、資本主義はいちじるしく発達した。しかし資本主義が発達すればするほど、貧乏な人がどんどん貧乏になる現象を、マルクスは目撃した。

かつては中間層が多かった日本も、どんどん貧富の差が大きくなっている。その理由も『資本論』を読めば理解できるだろう。

マルクスが現代の日本人に書き直すとしたら…

この本は、「もしマルクスが現代に蘇って、日本の読者に『資本論』を書き直したら、どんな本にするだろうか」と想像しながら制作された。さらに、マルクスの主張が分かりやすく図に要約されているから、『資本論』を簡単に理解したい人なら誰にでも本書が役に立つと思う。

なお『資本論』を読むときに有効な方法は、マルクスが唯一自身の手で完成させた第1巻の要点を把握しながら、第2巻と第3巻の必要な部分をかいつまんで理解することだ。これは本書がとっている方法でもある。

では、いよいよ、人類の歴史を変えた古典、『資本論』を読んでみよう。

もくじ

3章 資本家は労働者から搾取する

4章 資本が巨大になるしくみ

5章 資本主義は恐慌から逃れられない

Ultra

Das Kapital

Translated

1章

そもそも「資本」ってなに？

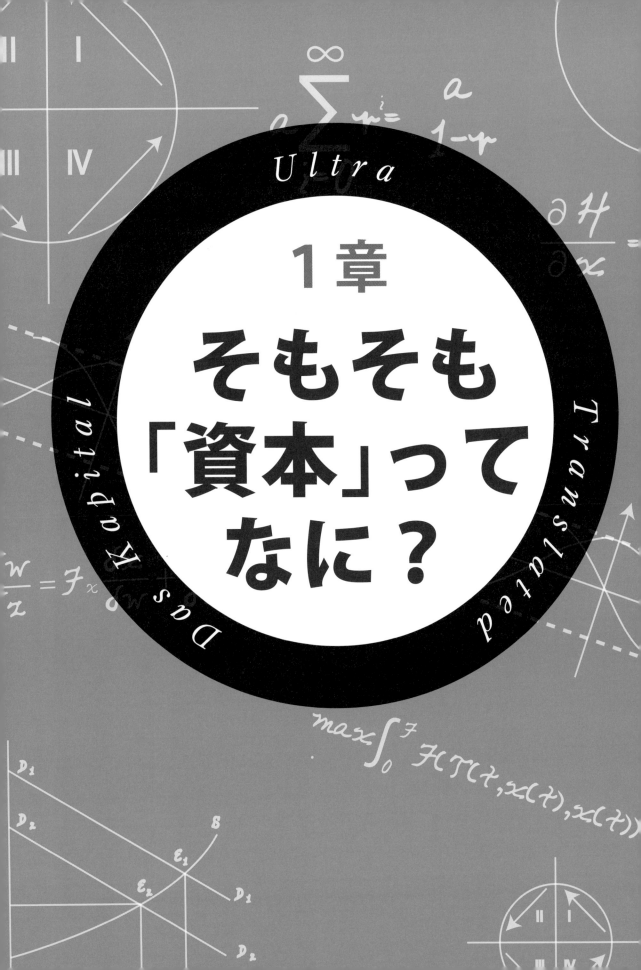

富はたくさんの商品の集まり

超訳

資本主義社会における富は、**「たくさんの商品の集まり」**の形をとっている。そして、そのもっとも基本的な単位は**「商品」**である。
（第1巻1章1節）

マルクスがまず「商品」の分析から始めた理由

物理学者が物質の性質を研究するときは、そのもっとも基本的な単位である分子や原子の分析から研究を始める。

それと同様に、マルクスは資本主義社会のメカニズムを解明するために、**富のもっとも基本的な単位**である、「商品」の分析から研究を始めたわけだ。

このページを開いて、「資本主義といえば、お金が中心であるはず。**なぜお金から始めないの？**」と疑問を持った読者もいるだろう。

では、超訳文で「富は、たくさんの商品の集まり」となっている定義を、**「富は、た**

Point

資本主義社会では、お金を含めたすべてのものが「商品」になる

商品・富・お金の関係
富
たくさんの商品の集まり
株券
お金も商品の一種
＋
もの同士を交換するのに便利

くさんのお金」と書き直したらどうなるだろう。

後者の定義は、お金以外の財産、例えば家や土地、工場の設備や美術品など、富のあらゆる形を網羅できないから、富の正しい定義ではないのである。お金は富の一部の要素に過ぎないのだ。

お金ももともとは商品の一種

そもそもの起源を考えてみれば、**お金ももとは商品の一種**だ。

物々交換での物のやりとりに限界が見えてきたとき、物の代わりに交換するのに便利なもの——米や黄金や銀——などが商品の「代表」として貨幣の役割をしたのが、お金の始まりだった。

貨幣を広い意味での商品の一種と見なすことで、富の定義はシンプルになる。

富は、「たくさんの商品の集まり」なのである。そして、資本主義社会では、ニーズさえあれば、なんでも商品になる。

1章－2
そもそも
資本ってなに？

商品には2つの価値がある

超訳

有用性のある商品は、**「使用価値」**を持つ。そして使用価値が現実化されるのは、それが消費されるときのみだ。

社会の中では、使用価値だけではなく**「交換価値」**も持つ。

「使用価値」は「質の違い」だが、「交換価値」は「量の違い」である。

（第1巻1章1節）

交換価値と使用価値

商品には２つの価値がある。コンビニエンスストアで売られている弁当も商品だから、２つの面を持っている。

「交換価値」の側面を見てみると、価格が５００円であれば、それは５００円のお金と交換される性質を持つ。

一方、お腹が空いたサラリーマンが弁当を５００円で買って食べれば、それは彼の食欲という「ニーズ」を満足させて、現実から消え失せる。

つまり、弁当の**「使用価値」**は、それを消費する人により市場からなくなる。そして、５００円のお金はサラリーマンからコンビニエンスストアに移動し、市場に残ることになる。

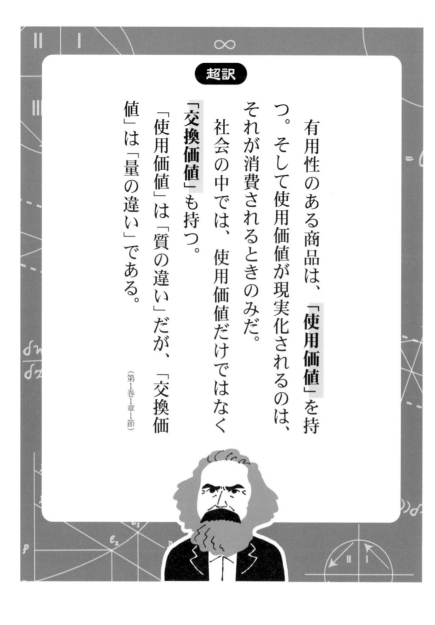

Point

商品には「交換価値」と「使用価値」がある。
ただし、貨幣には「交換価値」しかない

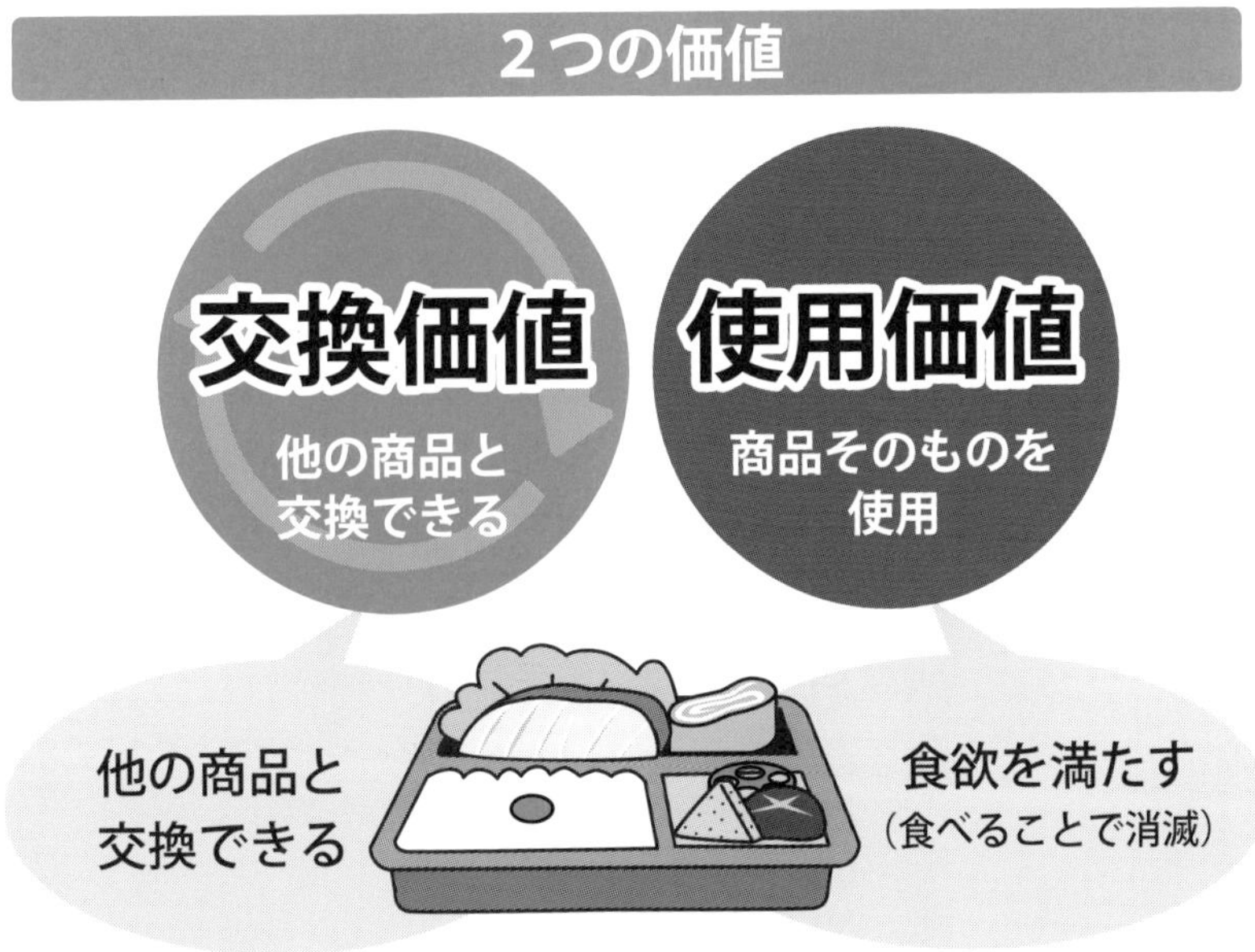
2つの価値
交換価値
他の商品と交換できる
使用価値
商品そのものを使用
他の商品と交換できる
食欲を満たす
（食べることで消滅）

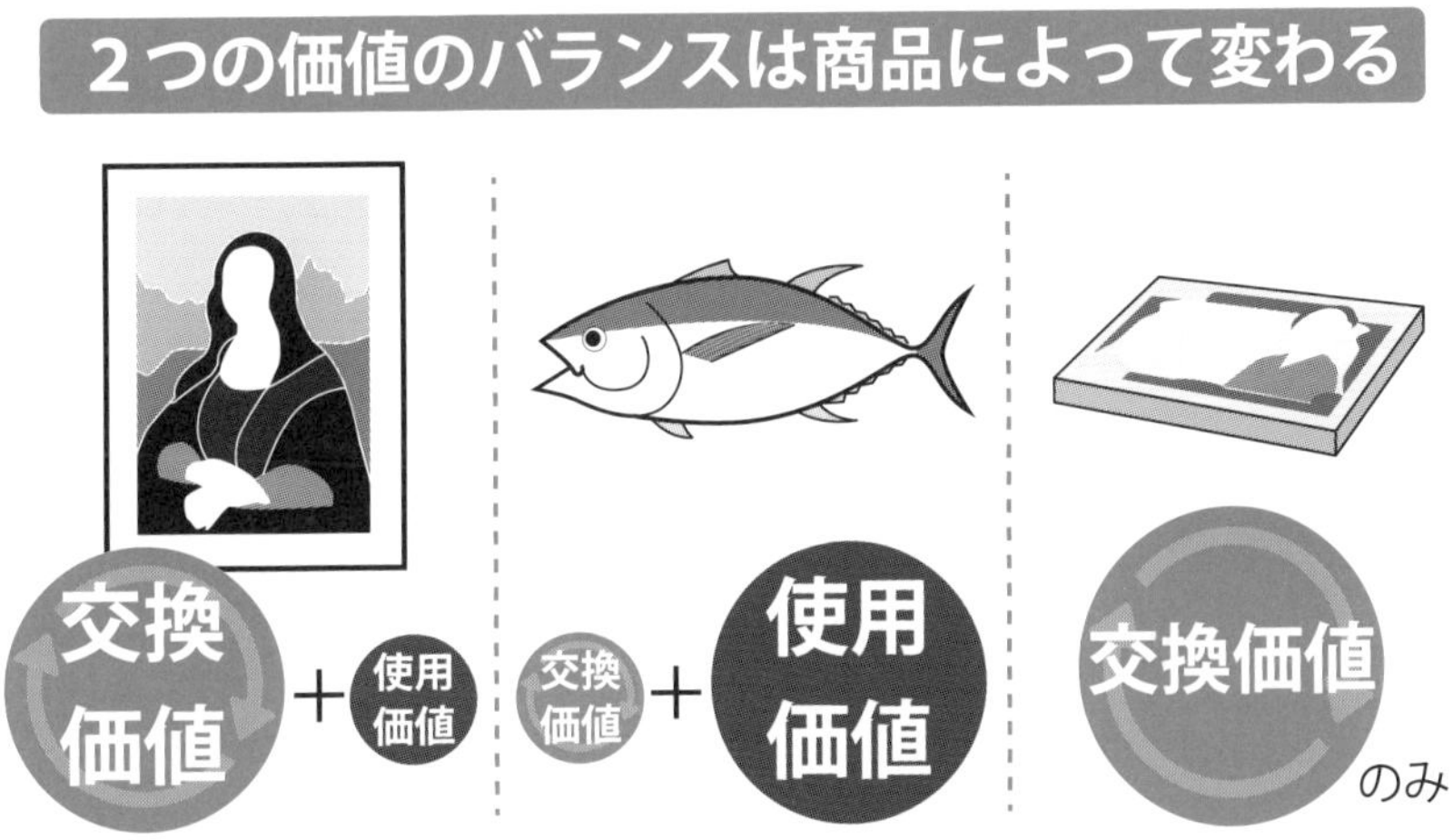
2つの価値のバランスは商品によって変わる
交換価値
＋
使用価値
交換価値
＋
使用価値
交換価値
のみ

現代の紙幣にあるのは交換価値だけ

商品によっては、使用価値よりも交換価値の側面が強い場合もある。

例えば「モナリザ」が非常に高値で取引されるのは、その絵を毎日鑑賞したい人のニーズというよりは、それが後々、さらに高値で売れるからだという方が正しい。この世に一点しかない名画は、時間がたてばたつほど値段が高くなるからだ。

黄金は、歯の詰め物やアクセサリーとしての使用価値もあるが、それより交換価値としての側面のほうがずっと強い。だから黄金はその使用価値としての機能をどんどん失っていき、交換価値だけを持つ存在として進化してきた。

そして黄金が進化した**現代の紙幣は、使用価値はまったく持たず、交換価値だけを持っている**。冬山で道に迷った遭難者が紙幣を燃やして生き残ったことがあったが、交換手段ではない紙幣の「使用価値」はせいぜい燃えくさ程度でしかないのだ。

商品には「労働」が含まれている

超訳

使用価値があっても、交換価値がない物もある。それは、その有用性が人の労働力による産物ではない場合である。

使用価値もあり、労働力の結果でもあるが、商品ではない物もある。

つまり、商品を生み出すためには、自分ではなく**他人のための使用価値**、つまり社会的使用価値を、**労働力によって作らなければならない。**

（第1巻1章1節）

商品の価値を測るには抽象化が必要

商品の価値を考えるときには、その**使用価値は考慮しない**。これは重要だ。

例えば、鉄の鍋と人形のように全く違う商品の価値はどのようにして比較すれば良いだろうか。

「この人形は特別にかわいいから、この重い釜と同じ価値がある」とするのは非科学的だ。資本主義を研究するためには、人形がどんな形をしているのか、どのくらいかわいいかは知る必要がない。

すべての商品からその形や使い道を除き、抽象化して**使用価値とは離れた基準で商品を定量的に測る必要がある**のだ。

具体的な性質にこだわれば、商品同士は

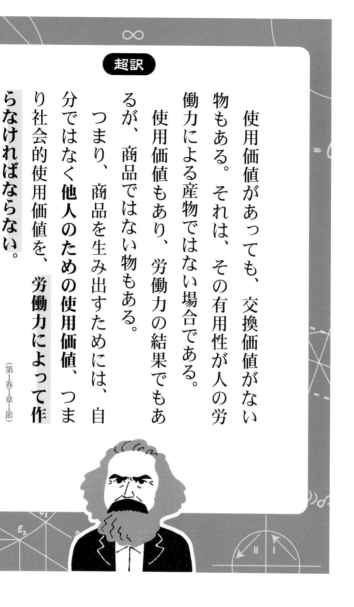

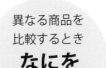

Point

商品の中にある抽象化された「努力」は その量によって比較できる

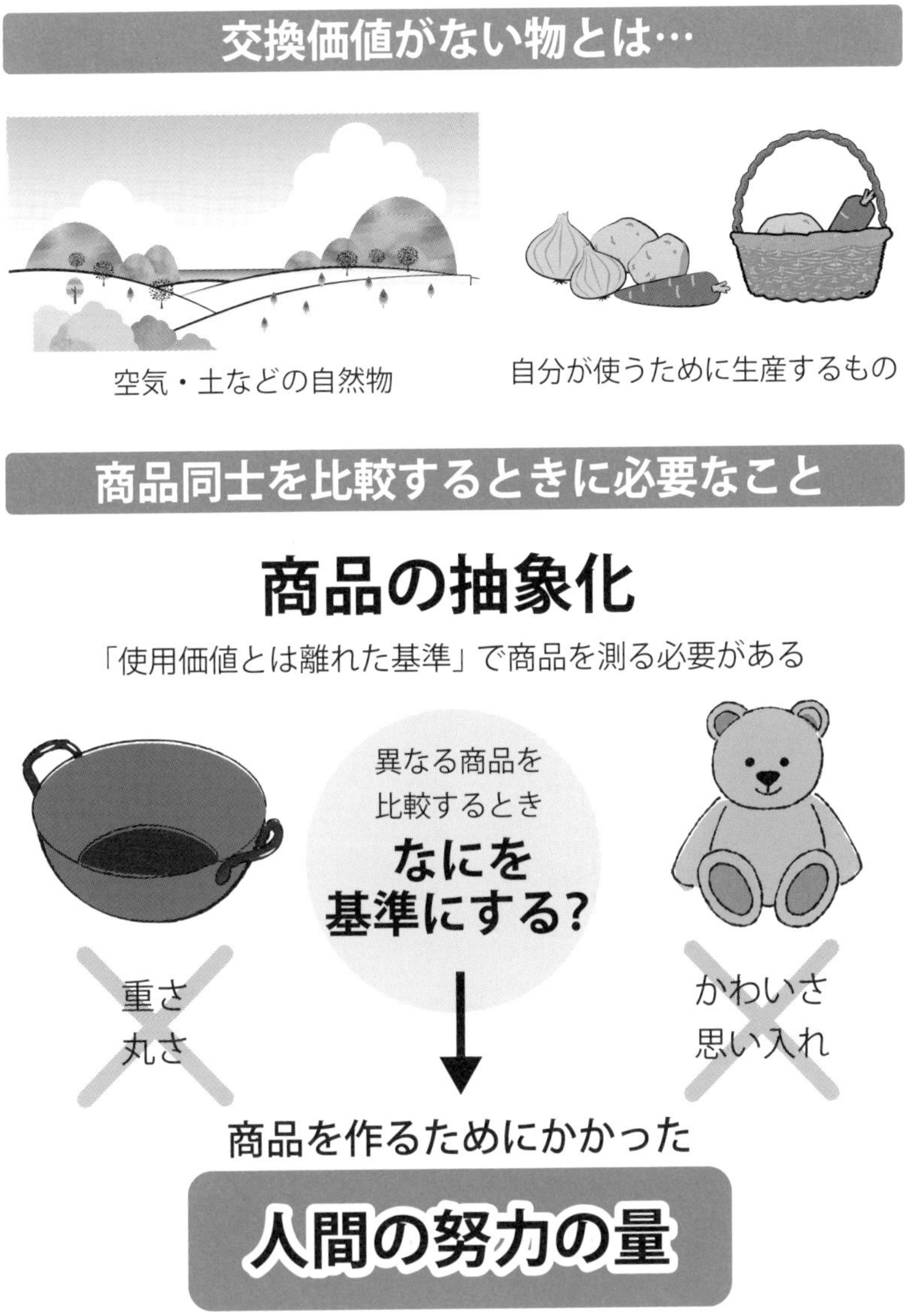
交換価値がない物とは…
空気・土などの自然物
自分が使うために生産するもの
商品同士を比較するときに必要なこと
商品の抽象化
「使用価値とは離れた基準」で商品を測る必要がある
異なる商品を
比較するとき
なにを
基準にする?
重さ
丸さ
かわいさ
思い入れ
商品を作るためにかかった
人間の努力の量

比較も交換もできない。そこで具体的な性質を排除した**「抽象化」**が必要になる。

外見や使い道など、価値の比較に不必要な要素を排除し、交換に必要となる部分だけ抽象化することだ。

商品の中にある抽象化された労働

性質の違う商品に共通点があるとすれば、それは「人間が作った物」という点だけだ。

したがって、2つの商品を比較することができる「第三の何か」は、**商品を作るためにかかった人間の「努力」だけ**である。

人形から形やかわいさを除けば、残るのはそれを作り、店舗に運んだ人々の努力だけだ。その努力が市場における交換価値となるわけだ。

その努力も「かわいい人形を作る努力と釜を作る努力」を比較するのではなく、**どれだけ頭や神経、筋肉を使ったかという「量」で比較しなければならない**。

労働にかかった時間で商品の価値は決まる

超訳

商品に含まれる労働の量は、どのようにすれば測定できるだろうか？
それは簡単で、**労働にかかった時間**から求めれば良い。労働時間を週・日・時間の単位で測定することだ。
（第1巻1章1節）

「心」の量は同じだが…

とあるアイドルのファンが集まって、アイドルにプレゼントするための千羽鶴を折るとしよう。

ある少女は手先が器用だが、ある少女は不器用なので、不器用な少女は器用な少女の半分の速さでしか折れない。

結果、器用な少女が１００羽の折り鶴を作る間に、不器用な少女は50羽しか折れない。

では、不器用な少女が作った折り鶴にこもる「心」の量は、器用な少女の鶴に比べて半分だと言えるだろうか？

そんなことはない。

確かに彼女は不器用だったが、他の少女と同じ時間、アイドルのことを考えながら

Point

商品の価値に作成者の心の量は関係ない。関係あるのは労働時間だけ

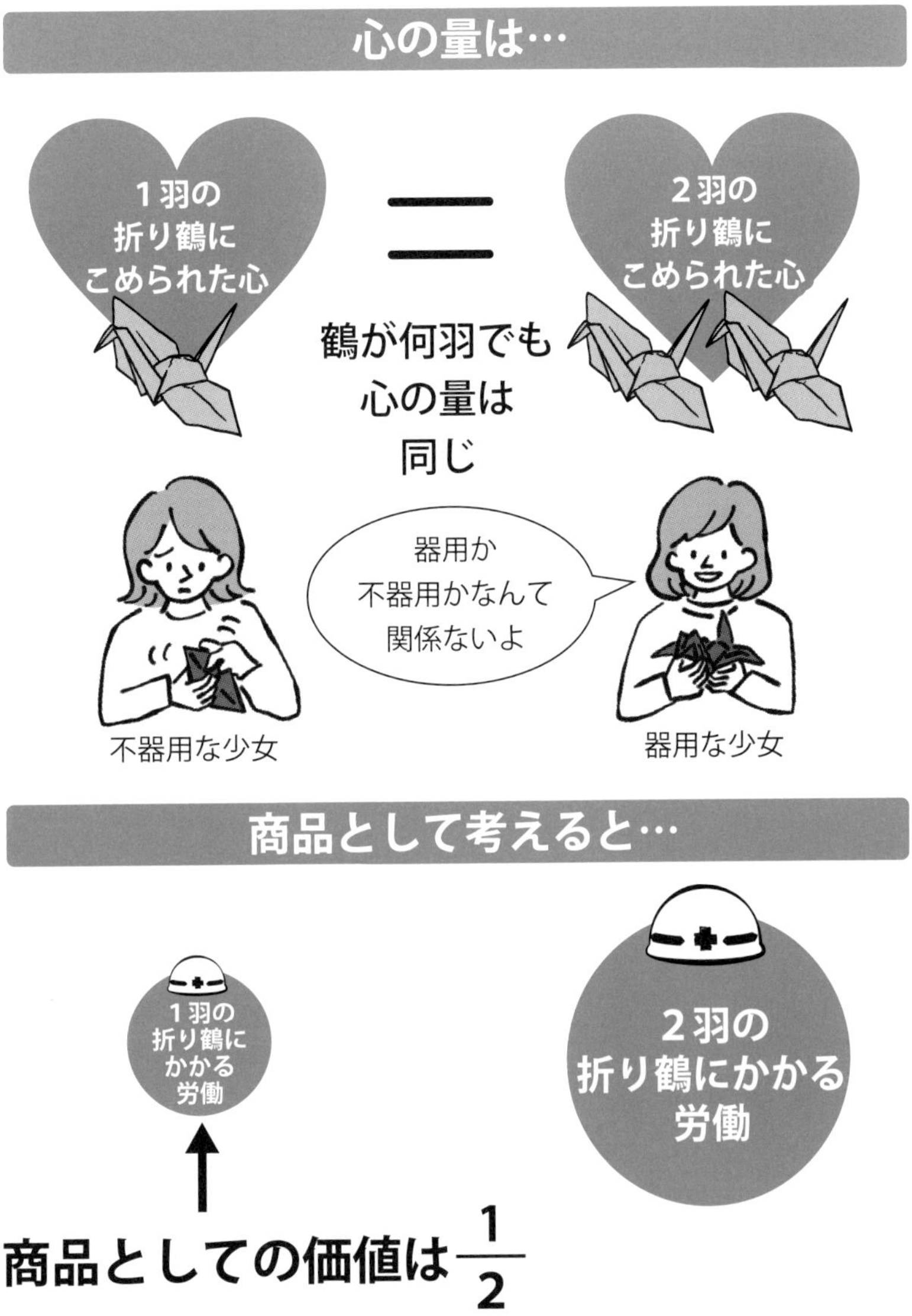
心の量は…
1羽の折り鶴にこめられた心
＝
2羽の折り鶴にこめられた心
鶴が何羽でも心の量は同じ
器用か不器用かなんて関係ないよ
不器用な少女
器用な少女
商品として考えると…
1羽の折り鶴にかかる労働
2羽の折り鶴にかかる労働
商品としての価値は$\frac{1}{2}$

鶴を折ったからだ。

商品の価値は労働時間で決まる

では今度は、その折り鶴を**商品として売るケース**を考えてみよう。

この場合は、事情が違ってくる。不器用な少女が折った折り鶴も、他の折り鶴と同じ商品として売られるからだ。

1羽の鶴が平均30秒かけて折られるところ、ひとりだけ1分をかけたからといって、その価値が上がるわけではない。

千羽の折り鶴に含まれる労働をひとつの巨大なかたまりだと考えれば、それを1000に分けたうちのひとつが、1羽の折り鶴にこめられた労働なのである。

つまり、**「商品の価値」は、商品を生産した全体の労働量から、ひとつの商品の分を計算したもの**だと分かるだろう。

ひとりひとりの個人技が商品の価値を変化させるわけではないし、制作者の気持ちが商品の価値を左右することもないのだ。

1章－5
そもそも**資本**ってなに？

使用価値の違う商品は交換できる

超訳

使用価値がない物は、それに含まれる労働にも価値がない。その労働は**交換価値を生み出さない**から、労働として認められない。

労働の有用性は、労働が生産した商品の使用価値により決まる。商品に使用価値を与える生産的な活動を、「**有用労働**」と呼ぶ。

（第1巻1章2節）

交換する価値を持つ商品とはどんなものか？

そもそも商品が交換される理由は、各々の商品が違う使用価値を持つからである。差異がない商品は交換されない。だが、小さな差異さえ存在すれば、それは交換の理由となる。

重要なのは、**労働**と**使用価値**と**交換価値**の関係である。

ある商品が、他の商品群から独立したものとして存在するためには、**差別化した使用価値**を持たなければならない。

使用価値を生み出すのは労働であるから、**質の違う労働が、質の違う商品を生み出す**のだ。

こうして他の商品と違う使用価値を与えら

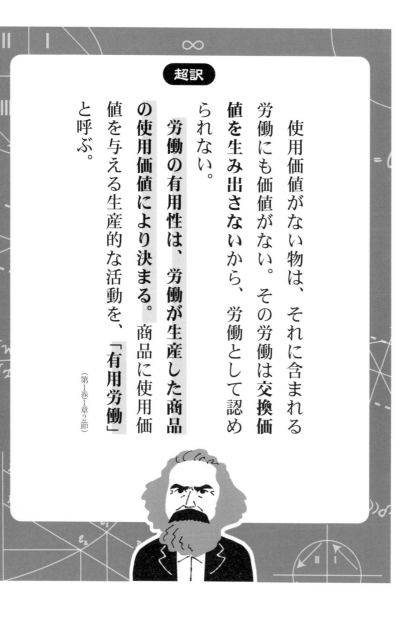

Point

質の違う労働が質の違う商品を生み出す

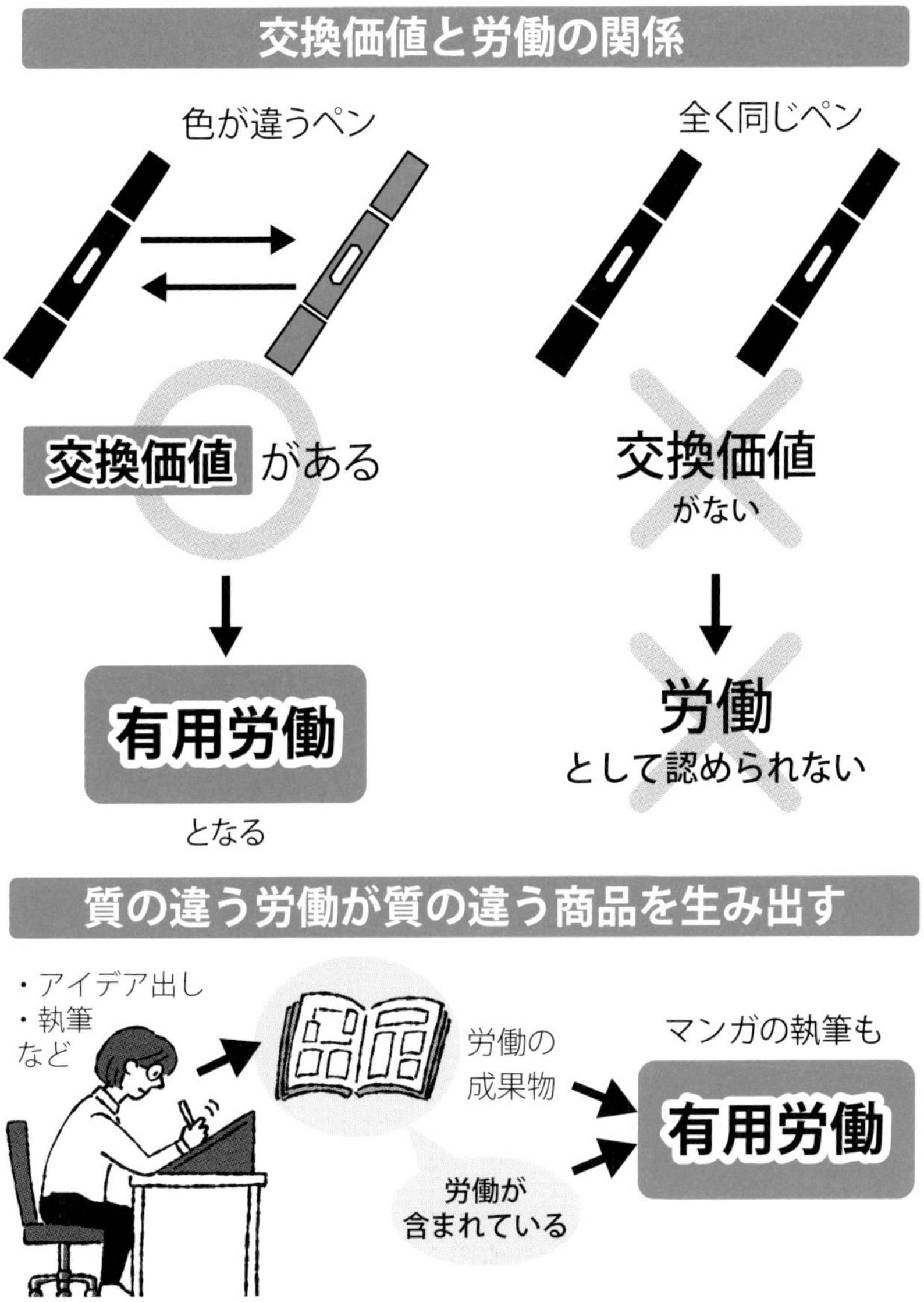
交換価値と労働の関係
色が違うペン
全く同じペン
交換価値がある
交換価値がない
有用労働
となる
労働
として認められない
質の違う労働が質の違う商品を生み出す
・アイデア出し
・執筆
など
労働の
成果物
労働が
含まれている
マンガの執筆も
有用労働

れた商品は、市場における交換価値を持つ。

労働が持つ2つの面

このことは、商品を生み出す労働にも2つの面があることを示唆している。

例えば、マンガ家がマンガを描こうとしているのであれば、使用価値を生み出すのは「題材はスポーツにしようか、それともファンタジーにしようか。どういった絵柄にしようか」と悩み、努力するような**「労働の具体的な面」**である。

反面、交換価値を生み出すのは**市場でどのくらいの価値を生み出したか**という点である。

世界には膨大《ぼうだい》な種類の労働がある。食べ物を生産する農家もいるし、寿司を握る板前もいれば、マンガを描くマンガ家もいるし、特殊な例では排泄する芸術家もいる。

その労働の成果物に使用価値を認められ、市場で売れさえすれば、価値は証明され、その商品に含まれる労働は**有用労働**だということができる。

1章－6

そもそも**資本**ってなに？

商品の交換には貨幣が使われる

超訳

商品はあくまで、それを持っていない人にとって使用価値を持つ。だから、**すべての商品は交換されなければならない**。

交換のとき、商品の価値を知るためには、ある基準となる商品と比較する必要がある。特定の商品がその基準になるためには、**社会的な過程**が必要不可欠だ。社会的な過程を通じて、その商品の特有の機能は排除されていき、それは**貨幣**になった。

（第1巻2章）

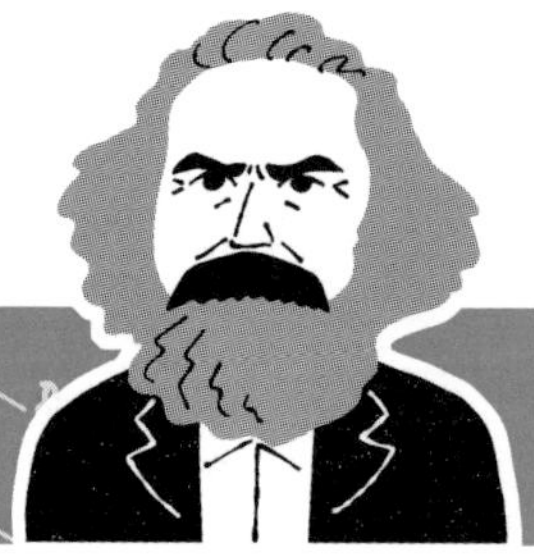

商品の交換に使われてきた商品

商品は、理論上はどの商品もお互いに交換できることになるが、現実ではそううまくはいかない。

商品の自由な交換が実現するためには、**交換の基準となる商品**が必要だ。

かつては米がその役割をしていた時期があった。米は誰もが必要としているし、量の調節も容易だ。時間がたつにつれて、米は食べ物としての使用価値以外の交換価値を社会的に認められ、貨幣の役割をした。

その後、運搬も便利だし腐らないメリットもある黄金が貨幣として使われるようになり、装身具などを作る黄金特有の機能はどんどん衰退し、交換の媒介としての機能

Point

交換するのに便利だったために
お金がすべての商品の基準になった

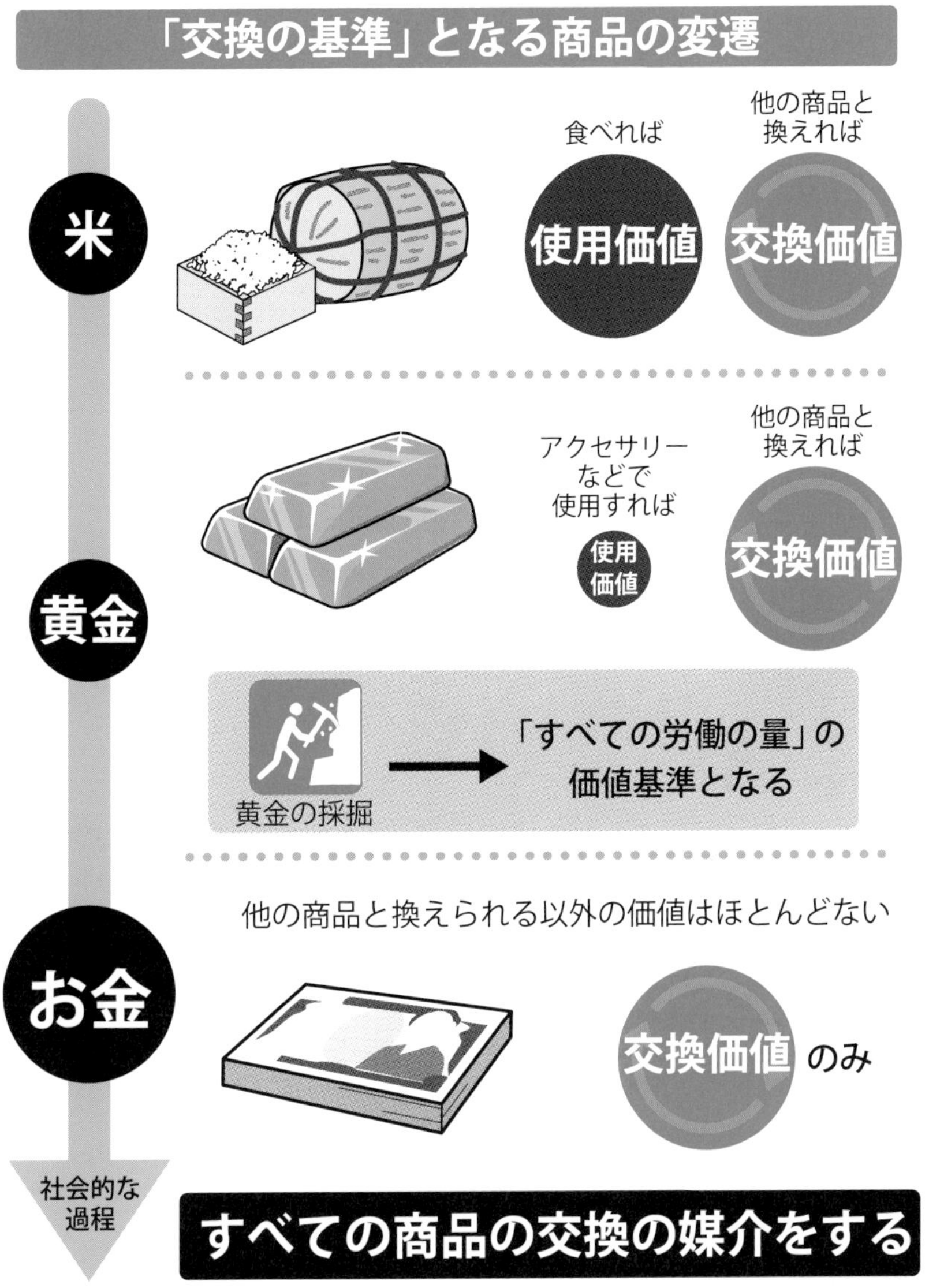

「交換の基準」となる商品の変遷
米
食べれば
使用価値
他の商品と
換えれば
交換価値
黄金
アクセサリー
などで
使用すれば
使用
価値
他の商品と
換えれば
交換価値
黄金の採掘
「すべての労働の量」の
価値基準となる
お金
他の商品と換えられる以外の価値はほとんどない
交換価値 のみ
社会的な
過程
すべての商品の交換の媒介をする

だけが残ることになった。

こういった成り行きを、超訳文では**「社会的な過程」**と表現しているのである。

お金が労働の量の価値基準となる

お金は、他のすべての商品と同じく、**自分の価値を他の商品との相対的な価値でしか表現することができない**。

お金の価値も、それを生産するために必要な労働時間で決まる。

黄金と銀は、土から採掘されるやいなや、人の労働を直接的に具体化する。「黄金は銀より美しいから価値が高い」のではない。埋蔵量が少なければ少ないほど、それを採掘するために多くの労働力がかかるから、価値が高いのである。

長い歴史の社会的な過程で黄金が価値の基準になったのは、交換価値の観点から言えば「黄金の採掘に必要な労働の量」が**「他のすべての労働の量」の価値の基準**になったことを意味するわけだ。

1章－7
そもそも
資本ってなに？

資本の出発点は「お金を稼ぐために商品を利用」したこと

超訳

商品の流通は、資本の出発点である。お金が「資本」なのか、それとも「ただのお金」なのかは、その**流通形態の違い**によって決まる。

（第1巻4章）

「資本」と「お金」はどう違う？

「資本」と「お金」のどこに違いがあるのだろうか。

お金は資本になれるが、すべてのお金が資本というわけではない。**「資本」は、循環を通じて自己増殖するお金**である。

漁師が魚を売って５００円を稼ぎ、その５００円でラーメンを食べたとしよう。

これは**「商品→お金→商品」**の形の循環である。ラーメンが漁師の胃袋に入り、この世からなくなることですべて終わりだ。

食べ物を得る、つまり使用価値のために使われたこの５００円は「資本」とは言えない。これはただ、ラーメンを食べるために使った「お金」にすぎない。

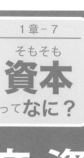

Point

資本とは、「お金を稼ぐお金」のこと

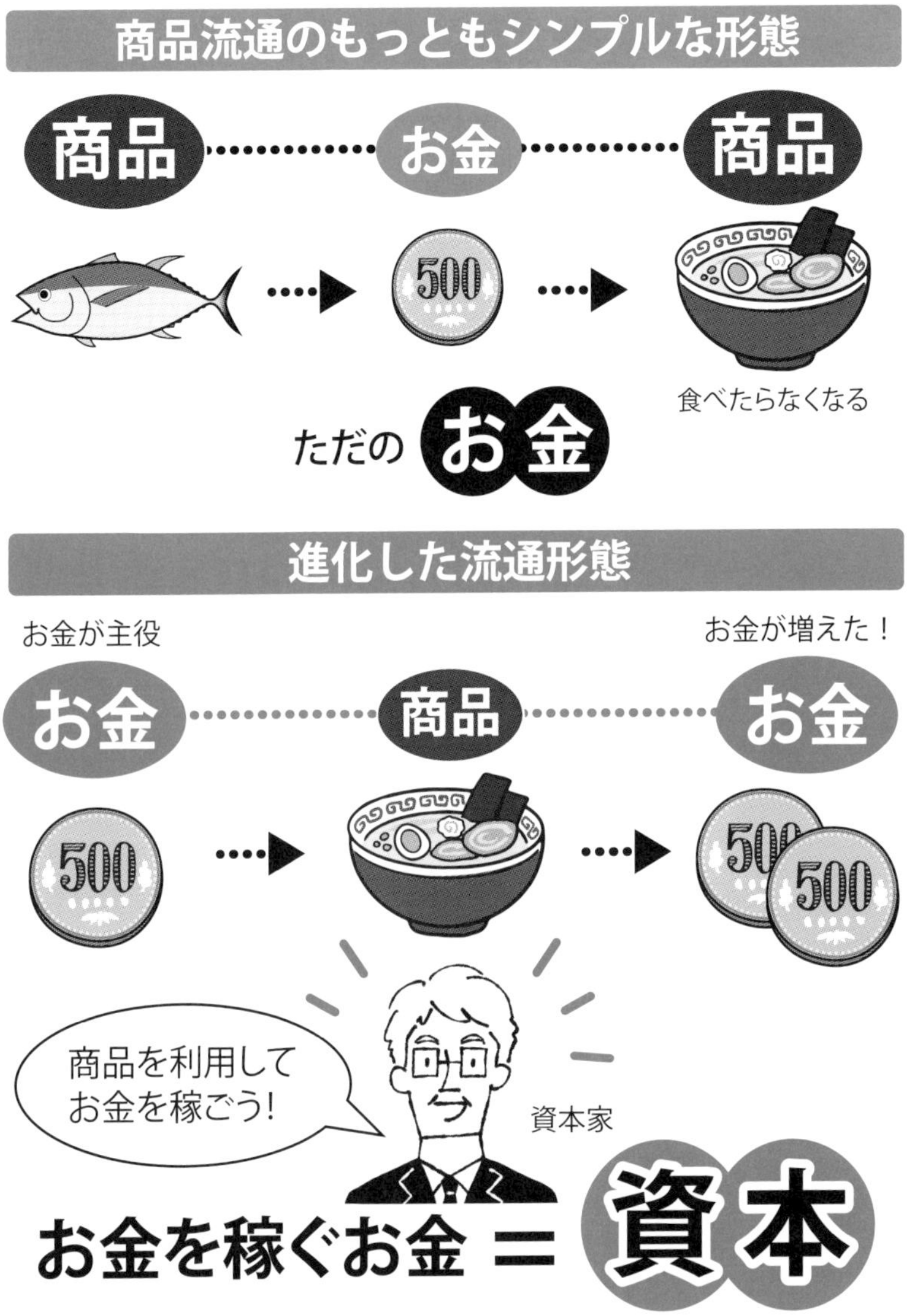
商品流通のもっともシンプルな形態
商品
お金
商品
500
食べたらなくなる
ただのお金
進化した流通形態
お金が主役
お金が増えた！
お金
商品
お金
500
500
500
商品を利用して
お金を稼ごう!
資本家
お金を稼ぐお金＝資本

資本の出発となった発想

貨幣が発明されてしばらくは、古代人のトレードはシンプルな物々交換だっただろう。そのうち、利口な古代人はこう考えるようになる。

「お金があれば、なんでも買うことができる。何よりもお金が重要だ。だから、**お金を稼ぐために商品を利用してみよう**」

この発想こそ、「資本」の出発点である。

彼は、お金で商品を安く買い、それを他の人にちょっと高い値で売って利ざやを稼ぐ。これを繰り返せば、彼のお金はどんどん増えていく。

この場合、トレードは**「お金→商品→お金」**の形であり、「商品→お金→商品」より進化している。

ただ順番を変えただけで、2つの循環は本質的に異なるものになった。それを動かす原動力、取引の目的、そしてそれに使われるお金の性格まで、違うものになってしまったのだ。

資本とは、「お金を稼ぐお金」なのである。

1章－8
そもそも**資本**ってなに？

資本は永久に増え続ける

超訳

「お金→商品→お金」のプロセスでは、**お金が増加する。**

この増加分、最初の価値を超える超過分を、私は**「剰余価値」**と呼ぶ。

最初に投下した価値は、流通の中でも価値を保持するだけではなく、それを増大させ剰余価値を生み出したのである。

（第1巻4章）

「永久」に増加するしくみ

お金がさらなるお金を生むしくみになっているとき、「お金」は**「資本」**と呼ばれる。

資本家の「お金→商品→お金」の循環は、資本家の欲望がある以上、一度では終わらない。循環の結果として増えたお金は、再びこの循環に投入され、**「お金→商品→お金→商品……」**という具合で、終わることがない。こうしてお金の量はどんどん増えていく。

このようなメカニズムにおいては、**商品はお金を増やす手段**にすぎない。商品を省略すると、「お金→〝お金→〟お金」という風に、**永久に資金が増加していくしくみ**が見える。

もちろん現実には投資金を回収できず、

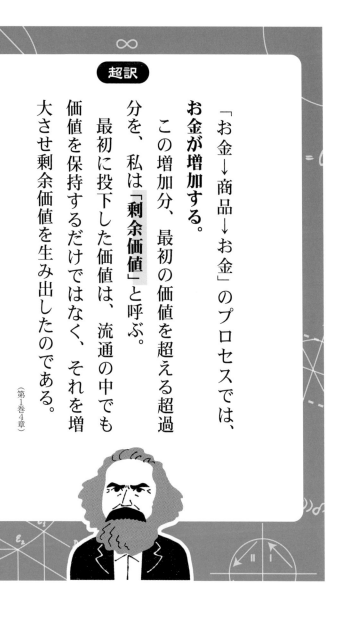

Point

資本は投入し続けることで増え続けるしくみを作ることができる

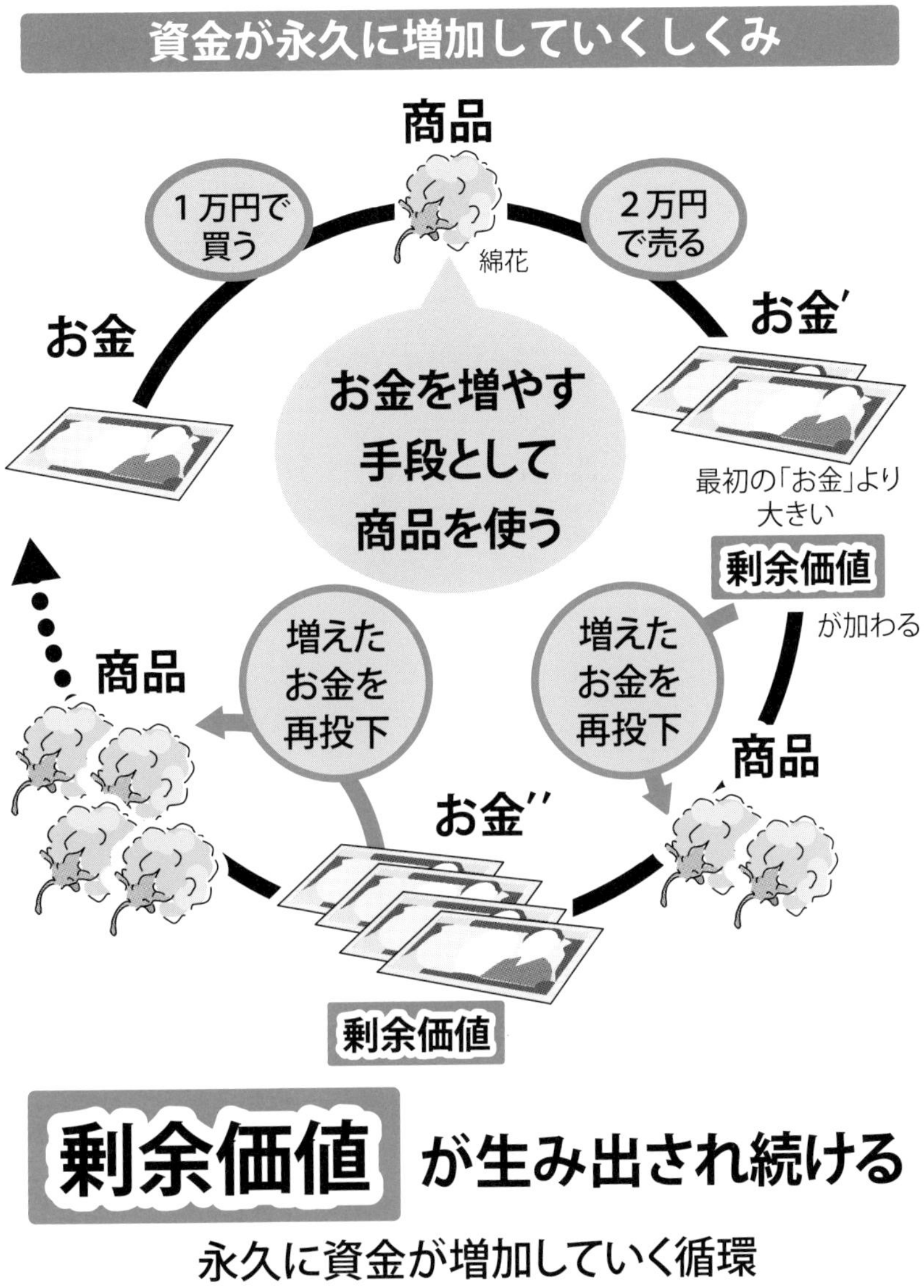
資金が永久に増加していくしくみ
商品
綿花
1万円で買う
2万円で売る
お金
お金′
お金を増やす手段として商品を使う
最初の「お金」より大きい
剰余価値
が加わる
増えたお金を再投下
増えたお金を再投下
商品
商品
お金′′
剰余価値
剰余価値
が生み出され続ける
永久に資金が増加していく循環

「′お金」が「お金」より小さくなるケースもあるだろうが、これはあくまで資本が増えていくメカニズムを説明するための「モデル」だと理解して欲しい。

等価交換でない理由は？

「お金→′お金」、もしくは「お金→商品→お金」は、一部のビジネスに限らず、すべての種類の資本に適用できる、**錬金術の公式**である。

工業の資本も同じ方式で動く。工業では、お金で原材料を買い、商品を作ってそれを売ってお金を得る。つまり工業も結局、商業と同じく、「お金→商品→お金」と表現することができる。

だが、ちょっと待って欲しい。錬金術の基本原則は、「等価交換」ではなかっただろうか？　いくら魔法のような錬金術でも、最初に投入した量より多い量が次々に生み出されるのは、理屈に合わない。

その謎を解くためには、「労働力」という鍵が必要になる。次の章で詳しく見てみたい。

豆知識

読まれ続ける『資本論』

マルクス自身が完成させたのは１巻のみ

『資本論』はマルクスとエンゲルスの共著であるが、マルクスは『資本論』第１巻を書き上げた後、続刊の準備をしているときにこの世を去った。その後、友人のフリードリヒ・エンゲルスがマルクスの残した未完成の原稿を編集し、第２巻と第３巻を出版した。つまり、マルクスが自身の手で完成させたのは第１巻のみなのだ。

第２巻と第３巻の基礎となった遺稿は未完成だったため、マルクスが直接手がけた第１巻に比べ、主題がそれるなど構成がしっかりしていない。だから本書では、第１巻の要点を把握しながら、第２巻と第３巻の必要な部分をかいつまんで理解する方法をとった。

今も関連書が売れ続ける驚異の本

マルクスとエンゲルスの努力で世に出た『資本論』は、資本主義経済の問題点を鋭く突いたその内容から、共産主義や社会主義の理論的な支柱となったほか、強力に資本主義経済を推し進める指導者に大いに反省を迫ることになった。先進国は労働者に大きな譲歩をして、資本主義最大の弱点である恐慌への対策を急がせたのだ。

やがて共産主義、社会主義の衰退と共に『資本論』とマルクスも忘れ去られるかに見えたが、資本主義の暴走が再び加速し、あちこちで貧富の差が拡大し続ける今、再び世界中から注目を集めている。

フランスの経済学者トマ・ピケティが2013年に『21世紀の資本』を上梓し、大論争を巻き起こしたのは記憶に新しい。ピケティは時間が経つにつれてどんどん富が少数のお金持ちに集中される現象について批判している。彼が提案する解決策はお金持ちへの税金を上げることであるが、それが貧者をどれほど手伝うことができるかは疑問である。

1867年に書かれた『資本論』は今までも影響を与えているが、どれほど現実の世界で適応可能かは克服すべき課題である。

Ultra

2章

私たちの労働の意味

Das Kapital Translated

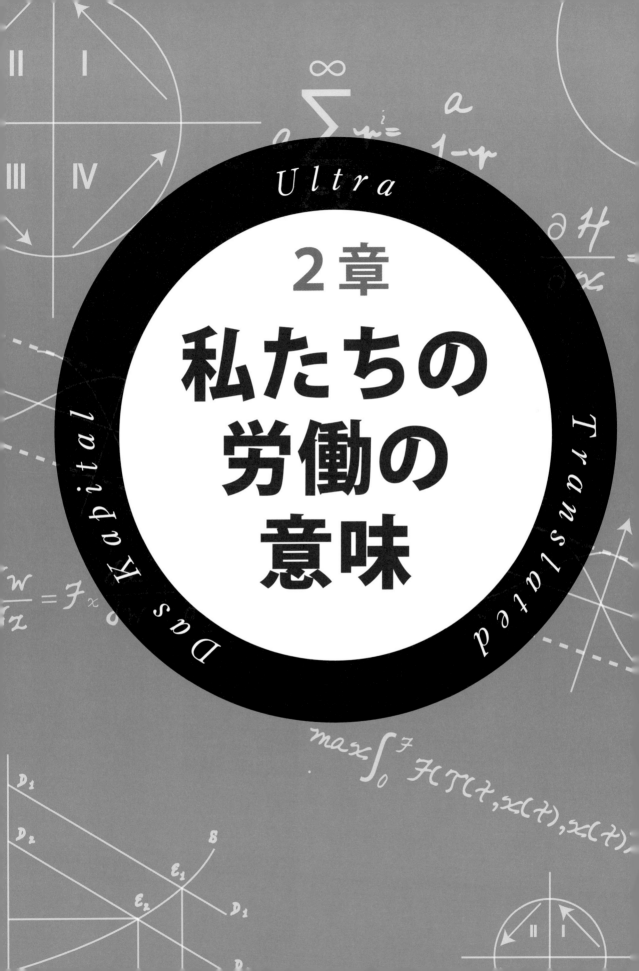

労働力は特別な商品である

超訳

労働力という商品は、**「価値の源」**という特別な性質を持つ。つまり**実際に使われるときにその使用価値を生み出す**、ユニークな性質を持っている。

労働力、もしくは労働能力は、所定の使用価値を生み出すことのできる、**人間に内在する精神的・肉体的能力**ということができる。

（第1巻6章）

労働力とは「働くことができる力」

普通の商品は、お金を支払ったとたんに自分の物となり、その使用価値を享受することができる。缶コーヒーを買ったらすぐに飲める。車を買えばすぐに運転できる。それが普通の商品だ。

労働力も商品の一種だが、購買者がそれを買っても**すぐにその使用価値を享受できない**点で異なっている。

労働力のトレードは、雇用契約書を書くとき結ばれるが、購買者である資本家がその労働力を使えるのは、一定の期間にわたって成果が発揮される過程においてである。**労働力は、「働くことができる能力」だ。**それは潜在能力にすぎない。

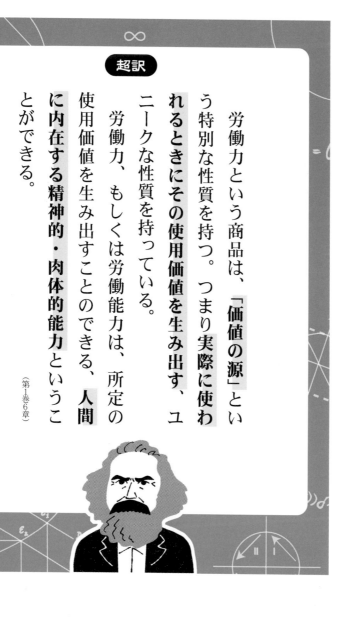

Point

「労働力」は商品の中に価値を生み出す

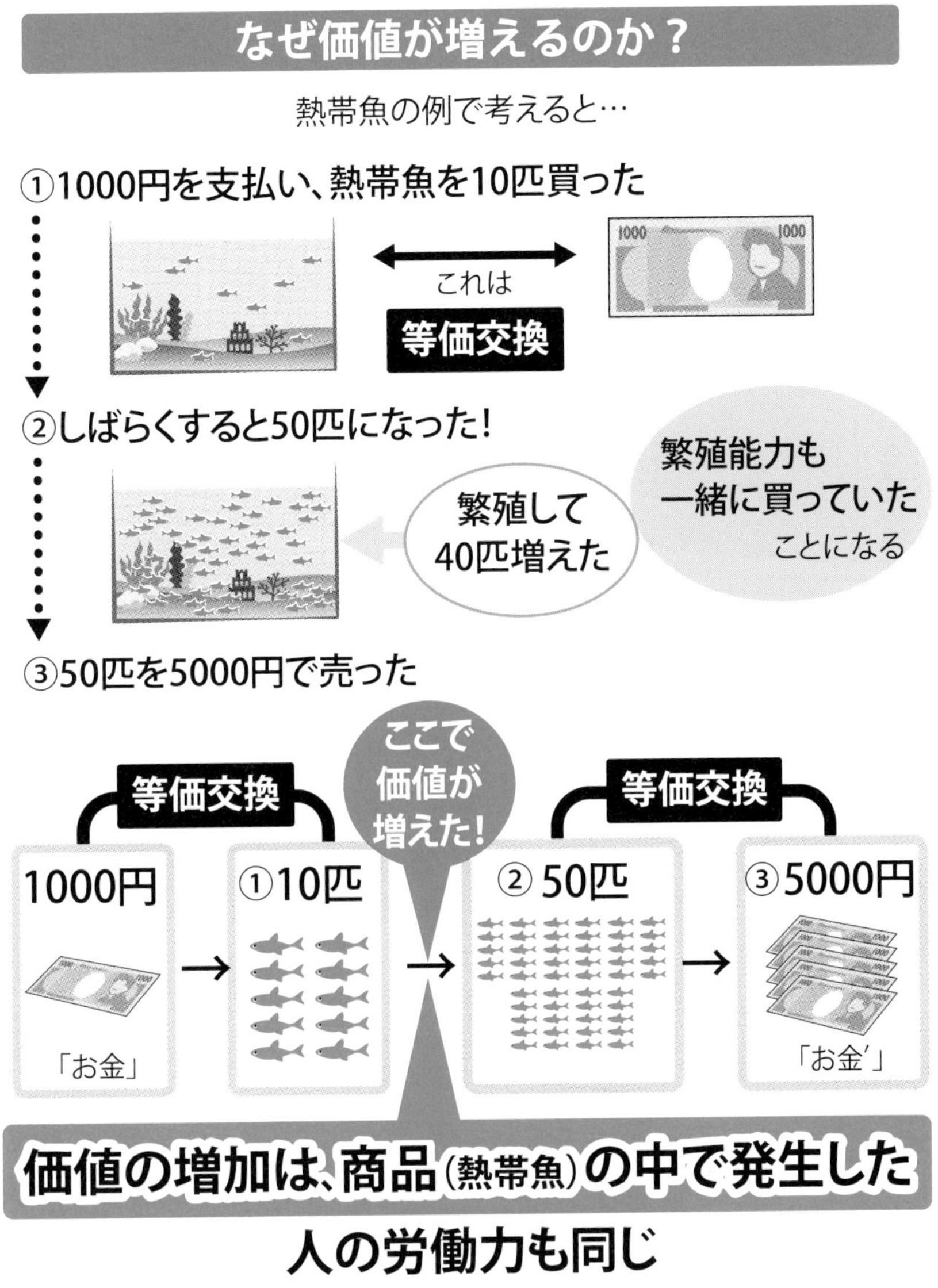
なぜ価値が増えるのか？
熱帯魚の例で考えると…
①1000円を支払い、熱帯魚を10匹買った
これは
等価交換
②しばらくすると50匹になった！
繁殖して
40匹増えた
繁殖能力も
一緒に買っていた
ことになる
③50匹を5000円で売った
等価交換
ここで
価値が
増えた！
等価交換
1000円
「お金」
①10匹
② 50匹
③5000円
「お金′」
価値の増加は、商品（熱帯魚）の中で発生した
人の労働力も同じ

価値は商品の中で発生する

「うちの子は頭は良いけど、勉強しないから成績が良くないのよ」と言う場合、〃良い頭〃は潜在能力だ。いくら頭が良くても、実際に勉強しなければ意味がない。

同じように、**労働力も実際に働かなければ、何の価値も生み出さない**のだ。だからこそ、潜在能力を買う立場の資本家としては、潜在能力は実際に使用しなければ意味がないから、給料は後払いなのである。

資本家から見ると、**みずから価値を生産することができる商品**を買えば、価値を増加させられるということになる。

上の図でいうと、資本主義のシステムでは労働者が熱帯魚にあたる。熱帯魚を買うとき、熱帯魚の繁殖能力も一緒に買ったことになる。

価値の増加は、商品（熱帯魚）の中で発生するのだ。**資本家の富の増加は、労働者が生み出す価値に依《よ》る**のである。

これが、「お金→商品→お金」のプロセスが「等価交換」にならない理由である。

2章－2
私たちの労働の意味

労働力は無限の能力を秘めている

超訳

労働力は他のすべての商品と同じように、価値を持つ。この価値はどうやって生まれるのだろうか？
労働力の価値は、他のすべての商品のように、それを生産するためにかかった労働時間で決まる。それは、**労働力を維持するためにかかる費用の価値**である。
（第1巻6章）

商品の価格は労働力の維持費用しだい

「**ビッグマック指数**」という指標がある。これは国家別の物価を比較するために、イギリスの雑誌『エコノミスト』で導入されたものである。

「各国のマクドナルドのビッグマックの価格を比較して各国の物価を比較する」というこの指数は、最初は悪戯《いたずら》半分で導入されたが、現在では国家別の体感物価を知るために本気で使われている。

例えば中国ではビッグマックの価格は3・46ドルだが、ノルウェーでは6・3ドルである（2021年7月）。

物価が高いノルウェーでは、本文が言うところの、労働者が「**労働力を維持するた**

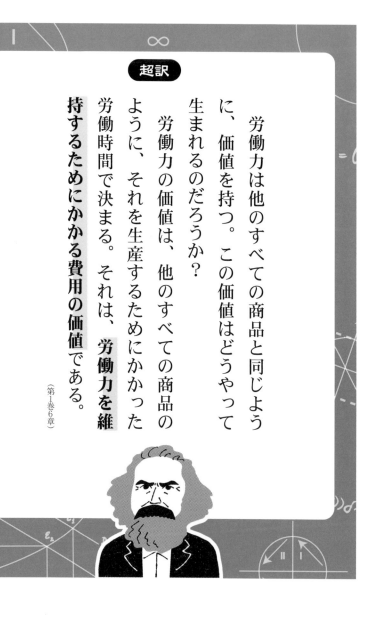

Point 労働力の価値は労働力維持のための費用で決まる

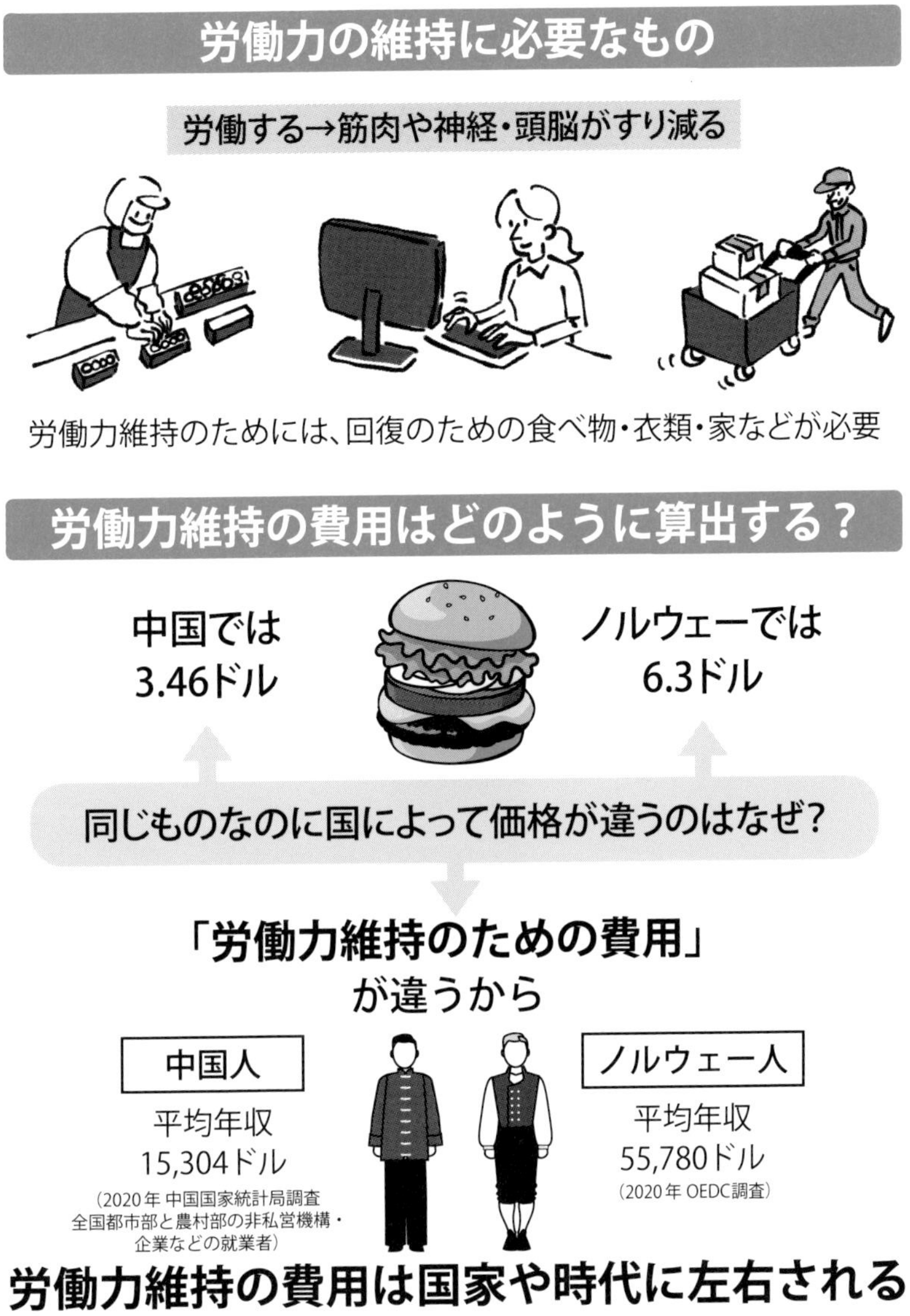
労働力の維持に必要なもの
労働する→筋肉や神経・頭脳がすり減る
労働力維持のためには、回復のための食べ物・衣類・家などが必要
労働力維持の費用はどのように算出する？
中国では
3.46ドル
ノルウェーでは
6.3ドル
同じものなのに国によって価格が違うのはなぜ？
「労働力維持のための費用」
が違うから
中国人
平均年収
15,304ドル
（2020年 中国国家統計局調査
全国都市部と農村部の非私営機構・
企業などの就業者）
ノルウェー人
平均年収
55,780ドル
（2020年 OEDC調査）
労働力維持の費用は国家や時代に左右される

めに必要な費用」が、中国の労働者より高くかかることになる。

労働力の潜在能力は無限

国家や社会によって差はあるものの、**労働力を維持するために必要な最低限の費用は、そんなに多くかからない。**

人は基本的に、食事をするだけで働くことができる。それは清掃人も、科学者も、芸能人も同じだ。

資本家は、労働力を買うとき、労働力を維持することに必要な最低限の費用を支払い、それからできるだけ多くの成果を引き出そうとする。

極端な事例としては、生活をギリギリ維持することができるだけの給料しかもらっていない科学者が、バイアグラのような稀代の発明品を開発した場合、彼を雇用した資本家はほぼタダで莫大な利益をゲットできる。

労働力を維持する費用は少ない反面、労働力の潜在能力は無限なのだ。

2章－3
私たちの労働の意味

道具が労働の価値に影響を与える

超訳

労働のプロセスは次の3つの要素に分けられる。

1、労働
2、労働の対象
3、労働に使われる道具

道具は、労働する人間と労働の対象の間に位置し、人間の労働を対象に伝えてくれる。労働者が最初に持っているのは労働の対象ではなく、道具である。

（第1巻7章1節）

時代を分けるのは道具

「石器時代」や「鉄器時代」という時代の区分がある。

石器や鉄器はもちろん道具である。原始時代の人が石で魚を切る行為と、現代の寿司職人が包丁で魚をさばく行為は、その巧みさに大きな差があるが、本質には違いがない。

時代は、労働の中身よりは、道具が何かによって区別される。

本質は同じでも生産方法は変わる

本を例にして考えてみよう。

活字が発明される以前にも本はあった

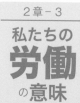

Point

道具によって労働の効率は大きく変わり、商品の価格も大きく変わる

労働の３つのプロセス
1
労働
2
労働の対象
3
労働に使われる道具
タイプライター
労働の価値に影響を与える
DTPソフト
テクノロジーとともに進化していく
パソコンとプリンター
商品の価格に影響を与える
完成した商品

が、それはいちいち手で写されていた。本という商品の本質が変化したわけではなく、それを**生産する方法が進化した**のである。

活版印刷が発明されたことで、手で写さなくても大量の本をつくることができるようになった。これも生産方法の進化だ。

パソコンとプリンターの発明も、手作業だったり修正ができないタイプライターで作った文書を、ずっと便利な方法で作り出せるようにしたことに意味がある。こちらも、文書自体の本質が変わったわけではない。

近年「第三次産業革命」と目された３Ｄプリンターも、既存の製品をずっと簡単に生産することができるという点で意味がある。もちろん、作り出す製品自体の本質が変わるわけではない。

道具は、労働と原材料の間に位置し、原材料の価値を商品に転化させる役割を果たす。テクノロジーのレベルがその**効率**を決定し、**商品に含まれる労働の価値や商品の価格に影響を与える**のである。

労働力だけが剰余価値を生み出す

超訳

労働力は、ただ自分の価値を再生産するだけではなく、**追加の価値**を生み出す。追加の価値、つまり**剰余価値**は、完成した商品の価値から、それを作るために消費された生産手段と労働力の価値を引いて導き出せる。

（第1巻8章）

労働だけが「可変的」

30ページで、労働プロセスの3つの要素は、労働、労働の対象（原材料）、道具だと言った。

この中の2つ、原材料と道具の価値はそのまま商品に転化される。だが、**労働という要素だけは可変的**である。同じ月給で労働者を毎日6時間働かせることもできるが、12時間働かせることもできる。

左上の図では、1日分の給料を払って、6時間働かせるときには剰余価値が0だったが、12時間働かせれば剰余価値を6000円生み出すことができる。

サラリーマンは普通1ヶ月、日雇い労働者は1日を単位として給料を支給されるが、**1日何時間働くかは可変的**だ。

Point

労働量を調整することで剰余価値の量もコントロールできる

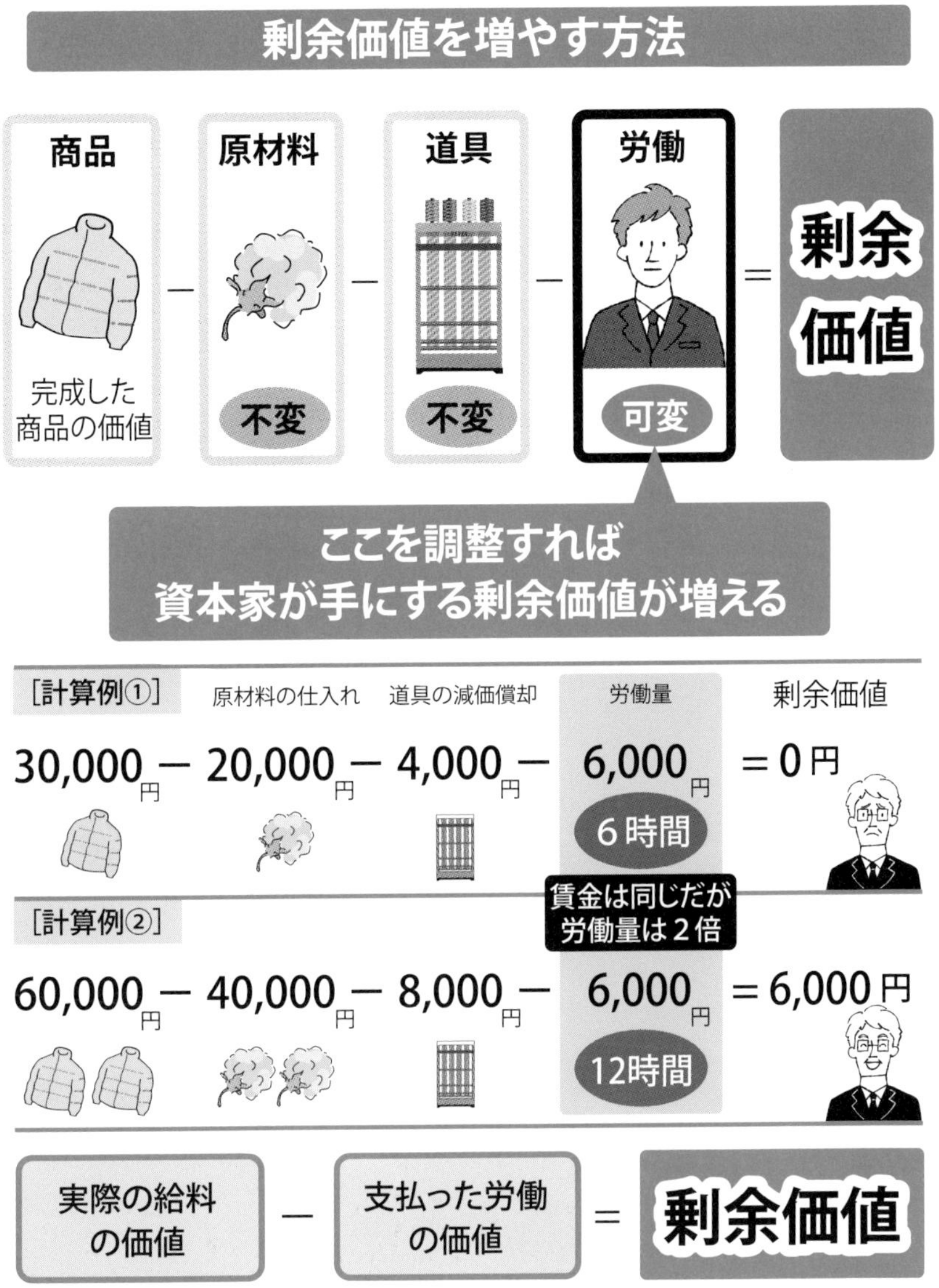
剰余価値を増やす方法
商品
完成した商品の価値
−
原材料
不変
−
道具
不変
−
労働
可変
＝
剰余価値
ここを調整すれば
資本家が手にする剰余価値が増える
[計算例①]
原材料の仕入れ
道具の減価償却
労働量
剰余価値
30,000円 − 20,000円 − 4,000円 − 6,000円 ＝0円
6時間
賃金は同じだが
労働量は2倍
[計算例②]
60,000円 − 40,000円 − 8,000円 − 6,000円 ＝6,000円
12時間
実際の給料の価値
−
支払った労働の価値
＝
剰余価値

剰余価値は支払った給料の価値と、実際の労働の価値の差から生まれる。

在庫管理や運送も剰余価値を生む

商品の剰余価値を生み出すのは単純な労働だけではない。**在庫管理や運送も労働力の一部である**。例えば、在庫の管理に多くの労働がかかると、当然その費用が商品の価格を上げる。それは、在庫を管理する労働の価値が、商品に加わったと考えることができる。在庫管理に使われる最新のテクノロジーも無料では利用できない。

また、商品の価値には運送の費用も含まれている。いくら美味しそうなワインであっても、それがフランスにあるなら、日本にいるあなたには意味がない。商品になるためには日本に運送されなければならない。この場合、運送も商品を作るプロセスの一部として作用している。在庫管理や運送の過程で投下した価値より多い価値を生み出す要素は、労働力の部分である。

労働の結果は次の労働プロセスに投入される

超訳

労働のプロセスとは、人間の労働が道具の助けを借りて、原材料を変化させることだ。

ここでの労働の対象と道具は**生産手段**で、労働は**生産行為**である。

製品の形をとる**使用価値**は、労働のプロセスから生み出される結果だが、その結果はまた原材料として労働プロセスに投入することができる。

（第1巻7章1節）

生産プロセスの基本は買った商品で売るための商品を作ること

労働プロセスの結果が、再び他の労働プロセスに投入される、ということもある。

例えば、牛乳は牧場の生産プロセスの結果であり、それ自体が商品でもあるが、これがチーズやヨーグルトの生産プロセスに原材料として投入されることもある。

生産の結果だった牛乳が、チーズ工場では生産手段として活用されるわけである。

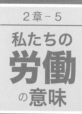

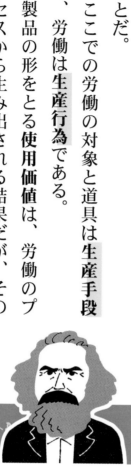

労働プロセスの3つの要素は労働、原材料、道具だと言ったが（30ページ参照）、この3つはすべて商品である。

資本の観点からは、その原材料が他の労働プロセスの結果だろうが、自然から採取

Point

インプットとアウトプットの連続によって剰余価値が生み出され続ける

ワイン作りの労働プロセス

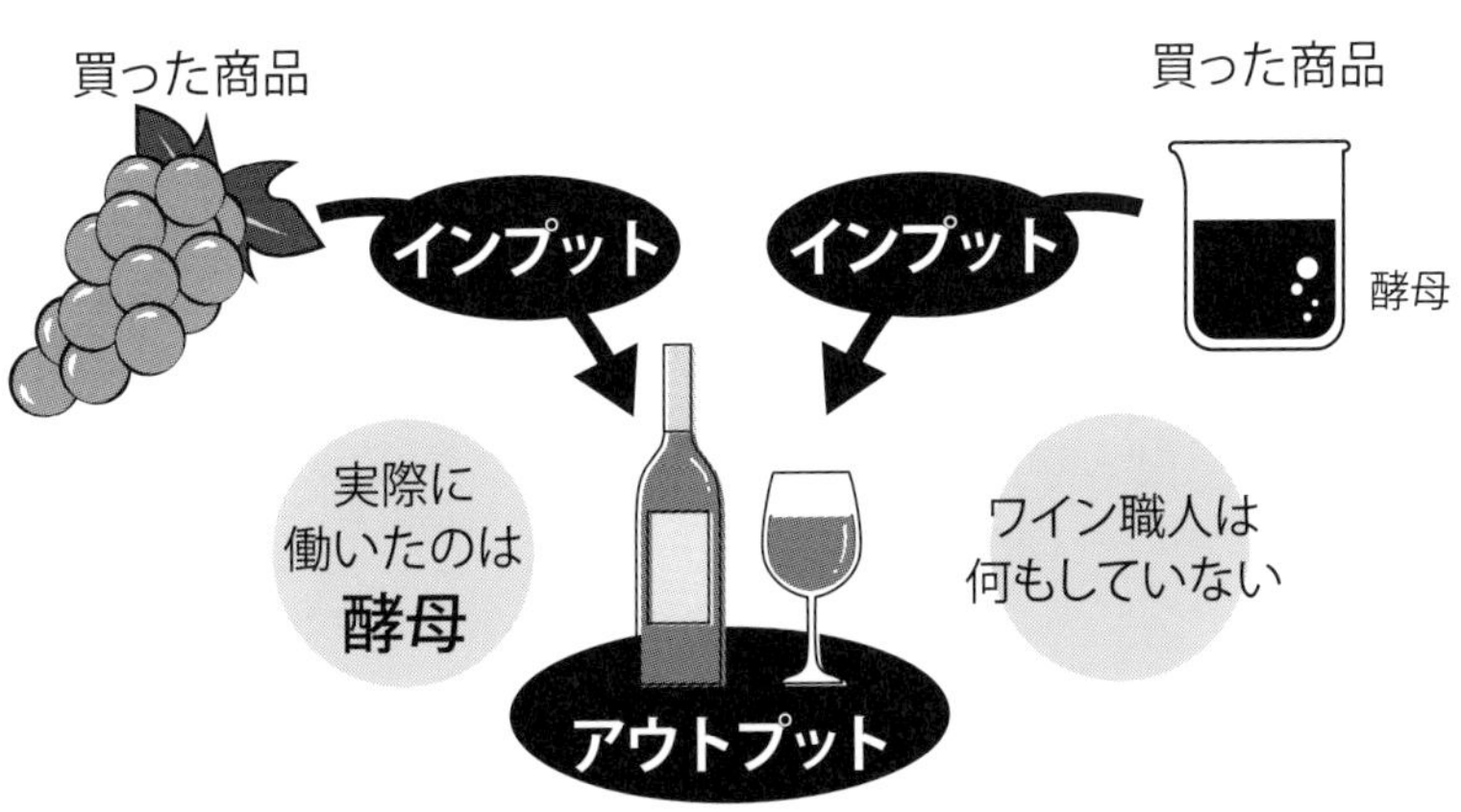
買った商品
インプット
インプット
買った商品
酵母
実際に働いたのは酵母
ワイン職人は何もしていない
アウトプット

労働プロセスと資本家

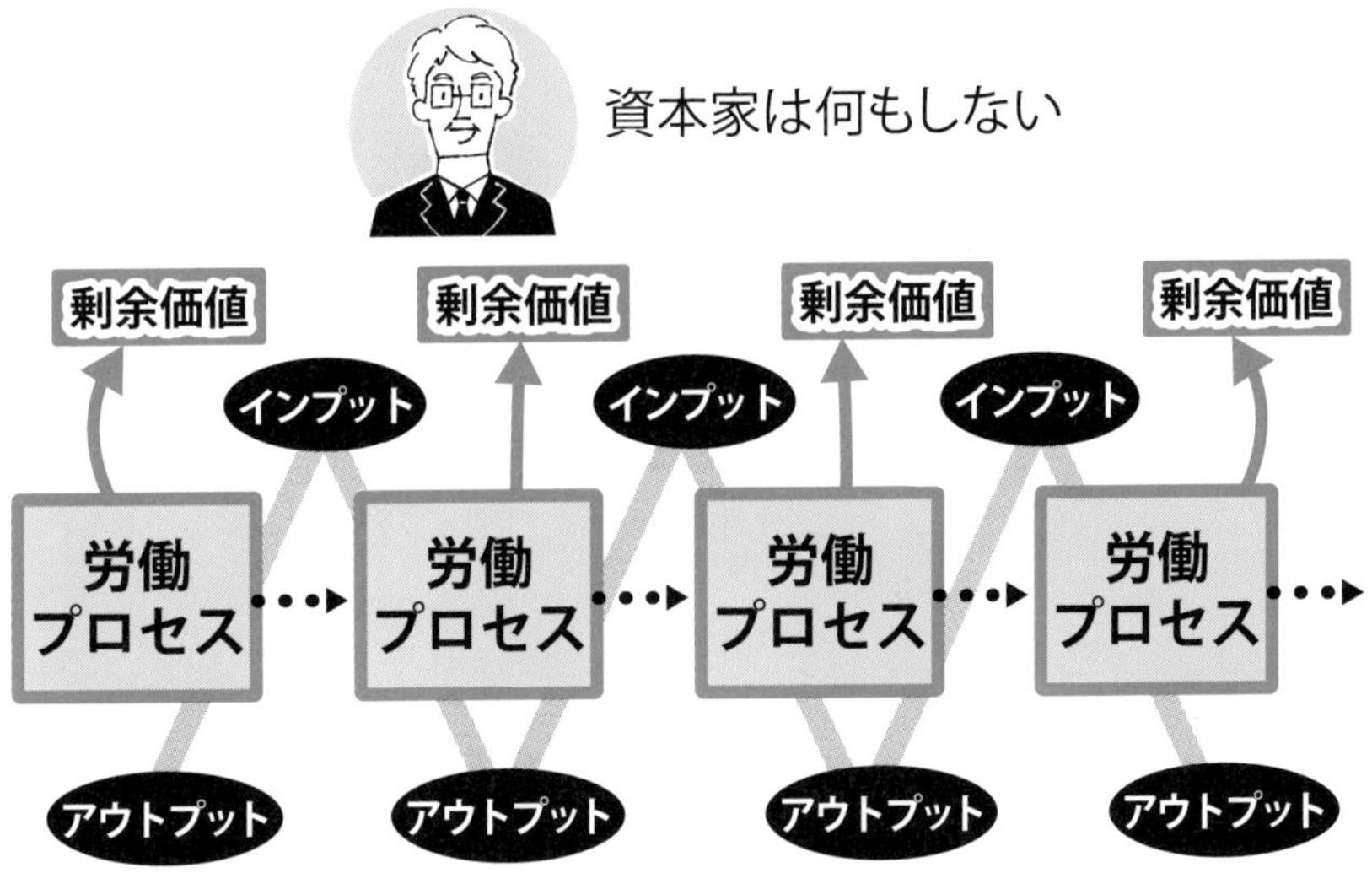
資本家は何もしない
剰余価値
剰余価値
剰余価値
剰余価値
インプット
インプット
インプット
労働プロセス
労働プロセス
労働プロセス
労働プロセス
アウトプット
アウトプット
アウトプット
アウトプット

した物だろうが、関係ない。ただ、**買った商品で、売るための商品を作る**――これが生産プロセスなのだ。

剰余価値を生み出すインプットとアウトプット

このような視点は、ワイン職人とも似ている。ワイン職人は、桶にブドウと酵母《こうぼ》を入れ、適切な場所に保管する。すると、酵母がブドウを分解し、アルコールを生成する。時間がたつと、完成されたワインが手に入る。ワインを作る人が直接アルコールを生成したわけではない。実際に働いたのは酵母であって、彼はお金で酵母を買い、ブドウと混ぜただけだ。

資本家にとっては、労働プロセスは商品をインプットすると、商品のアウトプットが出てくる、という行程にすぎない。

インプットが純粋な原材料でも、他のプロセスの結果でも構わない。それはただ、**剰余価値を生み出すインプットとアウトプットの連続**なのである。

2章－6
私たちの**労働**の意味

他者への隷属・依存により労働者は奴隷になる

超訳

労働者は自分の労働力で作った他の商品を売るのではなく、**自分の労働力自体を売らなければならない**。

もし労働者が自分の労働力を完全に売ってしまえば、それは自分自身を売ることになり、**自分を自由人から奴隷に変える**。それは、労働者が商品の持ち主から商品に変わる瞬間である。

（第1巻6章）

生計を維持する手段が労働以外にあるかがポイント

サラリーマンであれば誰もが、いくら熱心に働いても十分な報酬を得られない不満や、人生を誰かに奪われている閉塞感を抱いたことがあるだろう。

だが彼らに「そんなに不満なら、他人のために働かず、自分でビジネスを始めればどうだ？」と尋ねても、ほとんどは「事業を興す資金がないから……」と答えるだろう。

自分の会社や店を設立するためには、必要な設備の準備、生産や営業の方法、会計知識などのノウハウが必要だ。こういった情報や知識の不足も、サラリーマン以外の方法でお金を稼ぐことができない理由になる。

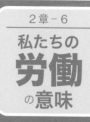

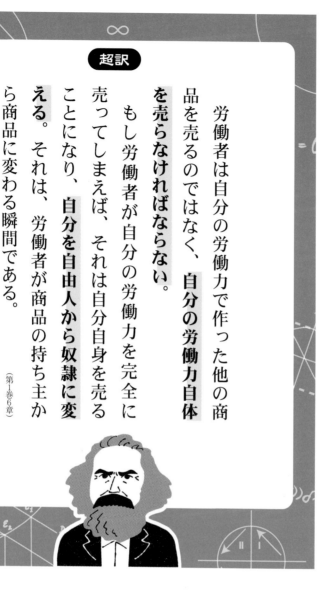

Point

決まった時間だけ他者に隷属する労働者は「自由な奴隷」である

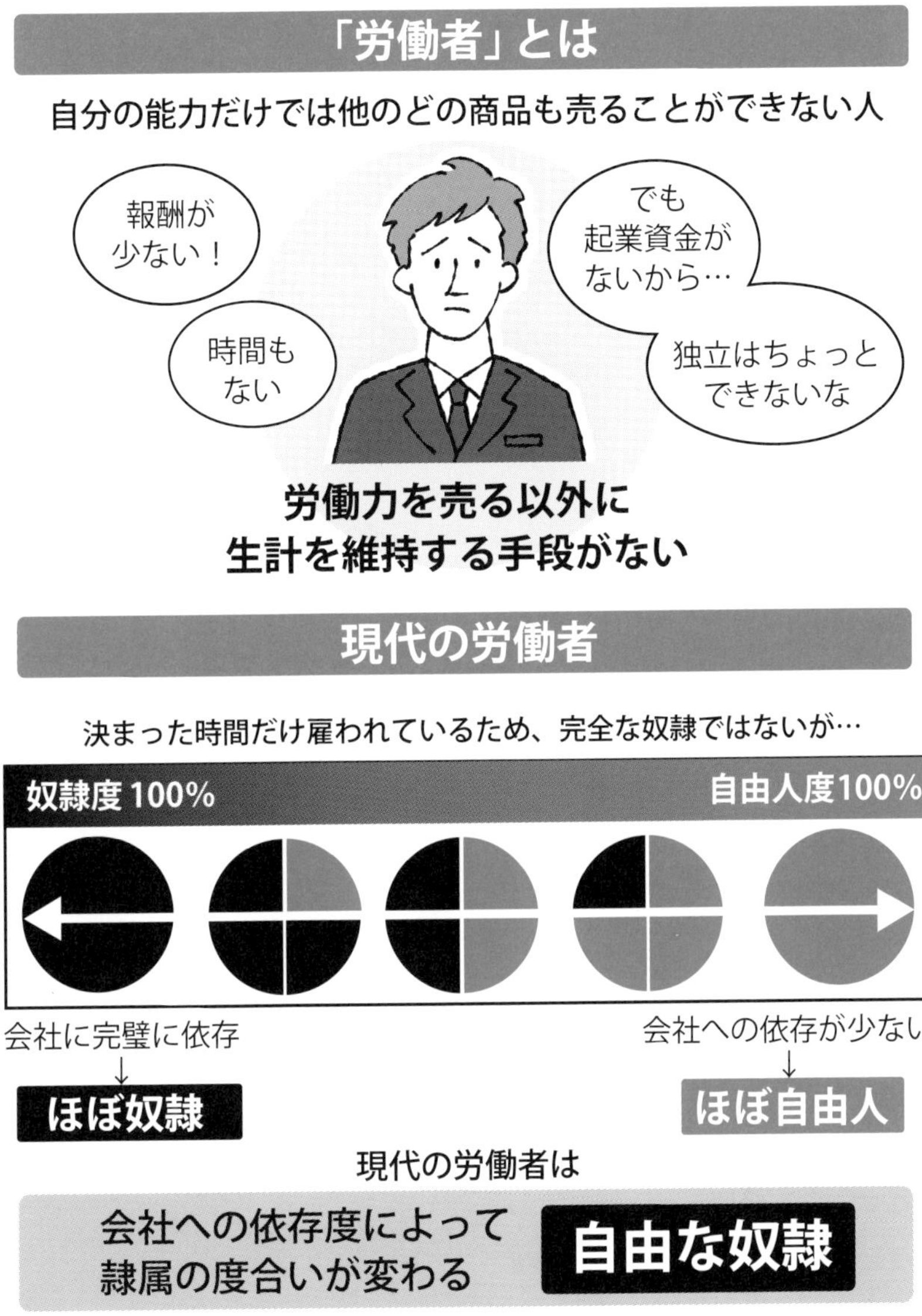

「労働者」とは
自分の能力だけでは他のどの商品も売ることができない人
報酬が少ない！
時間もない
でも起業資金がないから…
独立はちょっとできないな
労働力を売る以外に生計を維持する手段がない
現代の労働者
決まった時間だけ雇われているため、完全な奴隷ではないが…
奴隷度 100%
自由人度100%
会社に完璧に依存
↓
ほぼ奴隷
会社への依存が少ない
↓
ほぼ自由人
現代の労働者は
会社への依存度によって隷属の度合いが変わる
自由な奴隷

サラリーマンが会社のために働く理由は、**生計を維持する他の手段がない**からだ。

現代で必要とされるのは衣食住を自分で解決できる奴隷

サラリーマンが職場で奴隷のように働いたとしても、彼は法的には奴隷ではない。なぜなら、彼は**決まった時間に限って雇われている**からである。

生涯拘束されて働かされる人は奴隷だが、自分の意思で決まった期間に限って働くのは、その仕事がいくら酷くても自由人だ。

現代の社会は、**自分の衣食住を自分で解決する奴隷**を必要とする。「自由な奴隷たち」は需要と供給の原理により、決められた価値で自分の労働力を売る。

現代社会では「私は完璧に奴隷だ」とか、「私は完璧に自由人だ」と断言できる人は少ない代わりに、**「他人にどの程度隷属しているか」**によって支配構造を表すことができる。

豆知識

21世紀を支配するのは技術ではなくお金

全財産を賭けられるか!?

マルクスは資本家を、資本が人格化したものだと表現した。それは「どんな聖人君子でも、資本が関わる問題に限っては、自分の価値観や信念よりも資本の増大を優先させる」ことを意味する。

サッカーのワールドカップで、日本代表が奇跡の快進撃で決勝に進出したとしよう。

決勝戦の相手国はブラジルである。日本人なら誰でも日本代表を応援するだろう。特に愛国心が強くない人も、その日だけはテレビの前にかじりついて試合に熱中するはずだ。

では、その試合に全財産を賭けなければならないとしたら、どうだろう？　おそらく皆大人しくなって、密かにブラジルにベットし、応援するはずだ。

1000円程度のお金を賭ける場合なら「そんなことはない！　僅かな可能性でも日本代表に夢を託す」という人もいるだろうが、全財産がかかっていれば感情的に判断する人はいないだろう。「資本」と呼べるほどの大金がかかったことで、自分の信念、人柄、国籍などが排除され、お金に操られるようになるのだ。

資本が人格化したものが資本家

20世紀のＳＦ映画や小説では「テクノロジーに支配される21世紀の人間」がたくさん描写されたが、実は「お金に支配される21世紀の人間」の方が現実に近い。

「資本家は資本が人格化したもの」とは、資本家が自分の意志ではなく資本の意志で行動する、資本の代理人となったということである。

Ultra

3章
資本家は労働者から搾取する

Das Kapital Translated

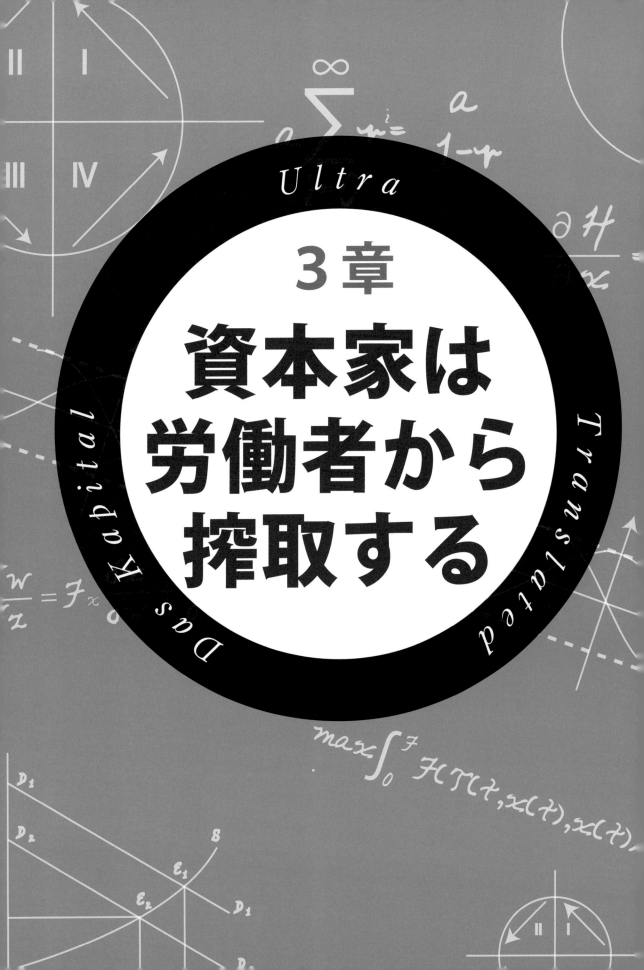

3章－1
資本家は労働者から**搾取**する

資本は労働者の無給労働によって蓄積される

超訳

雇用主の資本家は1日分の賃金を支払った。だから、1日の労働は彼の所有である。

労働者が1日12時間働き、1万円を受け取ったとしよう。そして、その労働力を回復するためには5時間がかかるとしよう。すると賃金は5時間分の価値を持つ労働力に対して支払われるが、労働は12時間だ。だから5時間は自分の賃金に対する必要労働であり、残りの7時間は**資本家の剰余価値のために働く時間**だ。

（第1巻7章2節）

労働者の無給労働とは？

12時間働くサラリーマンが、12時間の労働で自分の1日分のサラリーを生み出すとすれば、出勤してから5時間は自分のサラリーに対する労働だが、その後の仕事はまるごと資本家のための労働になる。

マルクスは前者を**「有給労働」**、後者を**「無給労働」**と呼んだ。

だが、サラリーマンの仕事は「午後2時までは有給労働をして、その後は会社のために、タダで無給労働します」と明確に区別されているわけではない。

サラリーマンはまるで自分が捕った魚の一部を、鵜《う》飼いに献上しなければならない鵜のように、資本の増大のために無料で労働している。これは**「搾取」**と表現しても良

Point
資本主義社会下の労働者は本人も自覚できないところで搾取されている

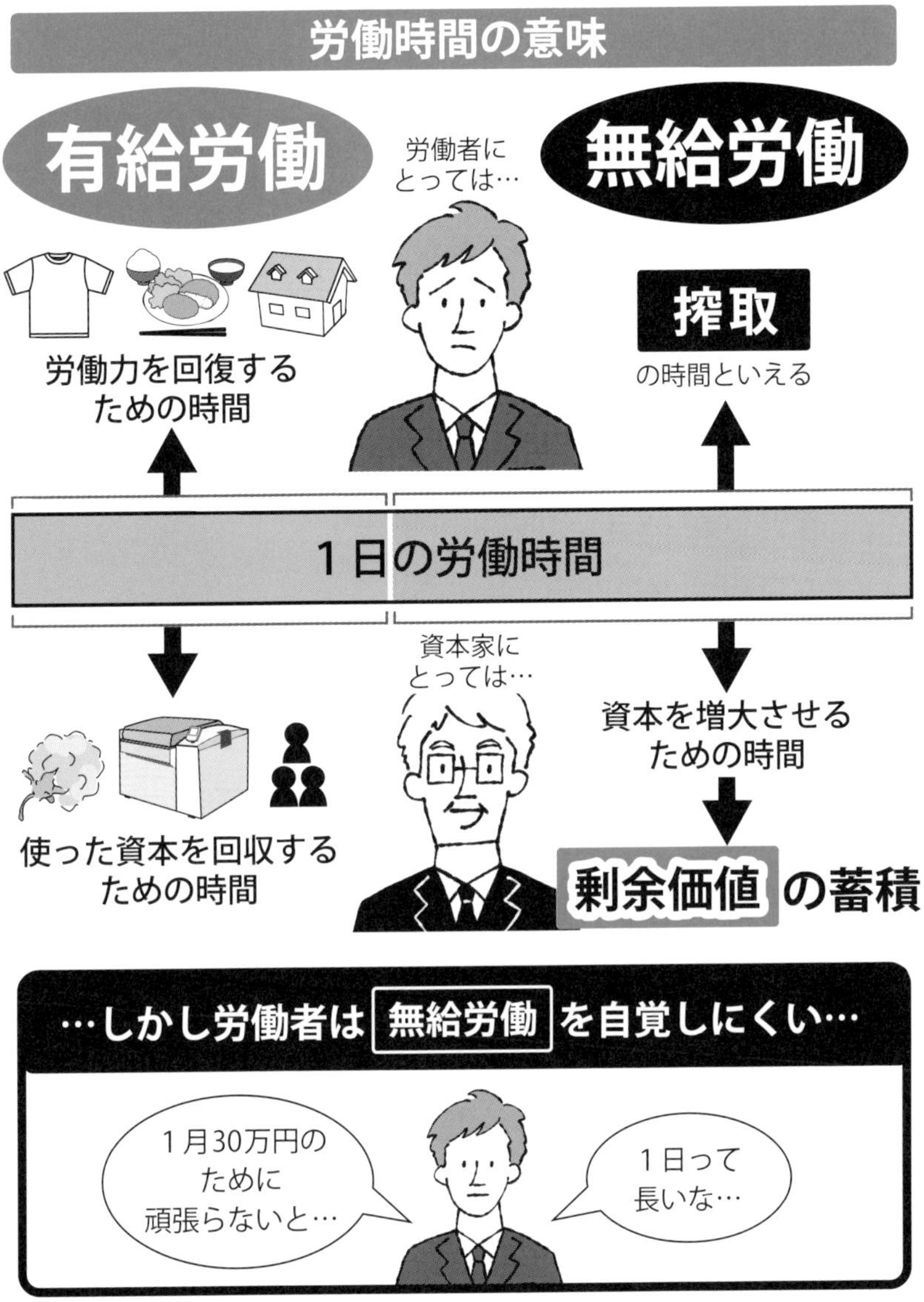

労働時間の意味
有給労働
労働者にとっては…
無給労働
労働力を回復するための時間
搾取
の時間といえる
1日の労働時間
資本家にとっては…
使った資本を回収するための時間
資本を増大させるための時間
剰余価値の蓄積
…しかし労働者は無給労働を自覚しにくい…
1月30万円のために頑張らないと…
1日って長いな…

いだろう。

しかし、そのしくみはサラリーマン自身も自覚できないほど巧みに隠されているのだ。

資本主義に隠されている搾取のシステム

奴隷から搾取する行為は、とても露骨だ。そのような野蛮な搾取は、現代社会では存続させられない。

だが、そのしくみが隠蔽されている資本主義の搾取システムは誰にも非難されず、ずっと続いている。

マルクスが先の章で、抽象労働のような概念で商品の生産や労働を抽象化した（12ページ）理由も、目に見える外見に惑わされず、その深層のしくみを究明するためだったのだ。

そう考えると、『資本論』の主題は、「**目に見える現象と、その裏に隠蔽されたしくみは違う**。それを知らなければならない」と言い換えることができる。

3章－2
資本家は労働者から**搾取**する

資本家の目的は剰余価値

超訳

資本家には2つの目的がある。

彼は「交換価値のある使用価値を生み出す」ことを望む。それは〝売れる商品〟を作り出すことにつながる。

そして彼は、その交換価値が「生産費用よりも高い価値で売れる」ことを望む。

価値を生み出すだけではなく、**剰余価値を生み出そうとする**のだ。

（第1巻7章2節）

重要なのは剰余価値

「芸はくまがするが、お金は人が稼ぐ」というアジアのことわざがある。サーカスで芸を見せるのはくまなどの動物だが、お金を稼ぐのは人間である。

資本主義のシステムはこれと似ている。仕事は労働者がするが、彼よりずっと多く稼ぐのは、資本家だったりする。

その搾取の程度は、**賃金に比べて、どれだけ多い剰余価値を生み出したか**によって判断される。

労働者は剰余価値の生産のための機械と化す

人形が大好きな女性が、ぬいぐるみ工場

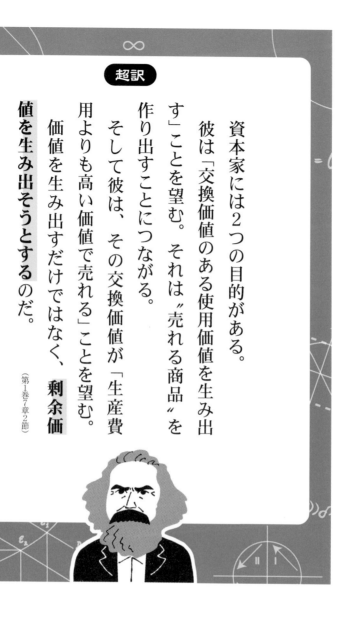

Point 資本家が欲しいのは剰余価値を生み出すもの

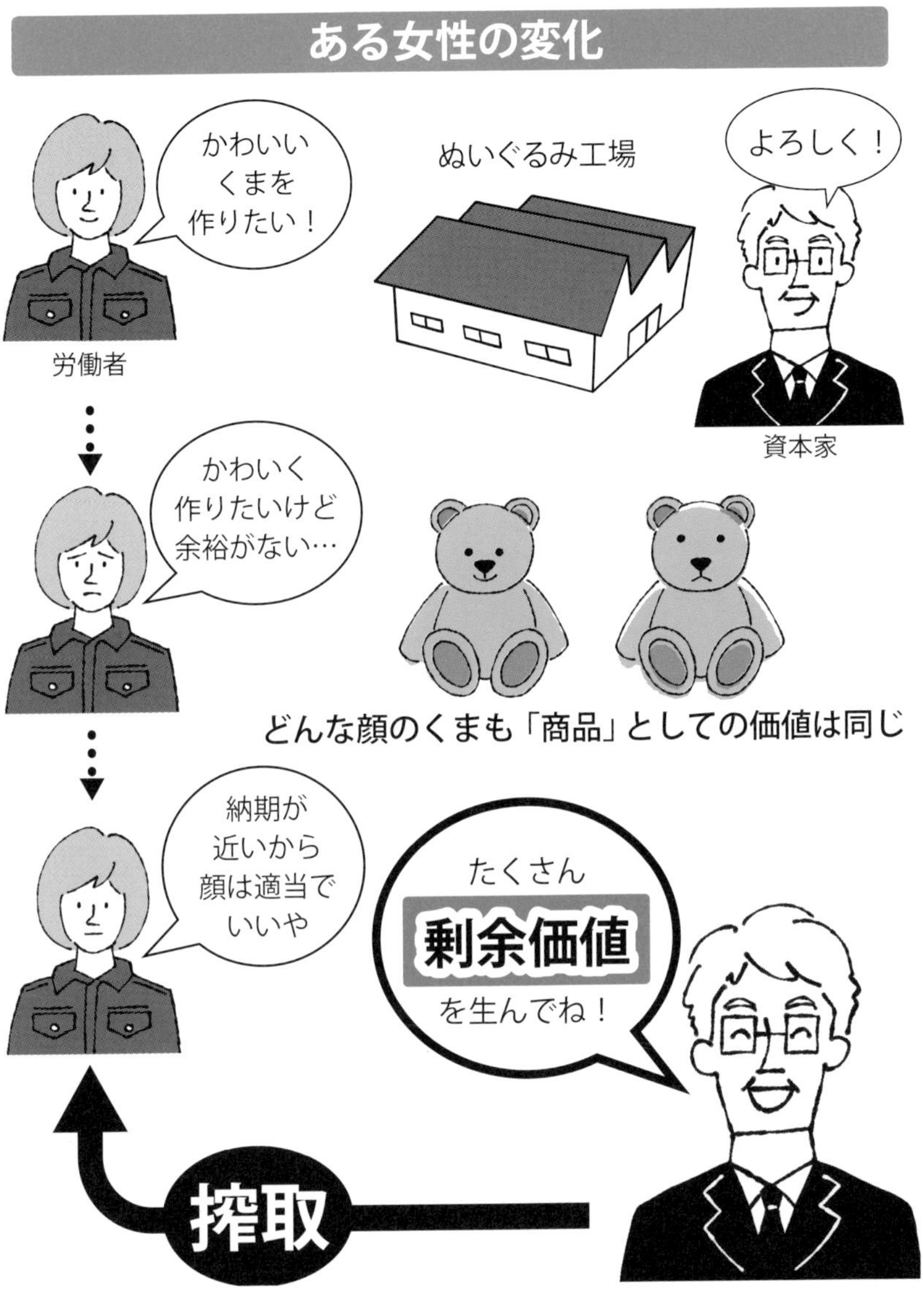
ある女性の変化
かわいい
くまを
作りたい！
ぬいぐるみ工場
よろしく！
労働者
資本家
かわいく
作りたいけど
余裕がない…
どんな顔のくまも「商品」としての価値は同じ
納期が
近いから
顔は適当で
いいや
たくさん
剰余価値
を生んでね！
搾取

に就職したとしよう。

彼女は趣味で自作のぬいぐるみを作るほどだったが、工場ではその個性は発揮できない。

そこではぬいぐるみを作るプロセス全体についてよく知る人が必要だったわけではなく、ただ単純な労働をさせるために人を雇っただけだ。

彼女が工場に入って始めたのは、くまのぬいぐるみに目と鼻をつける作業だ。

彼女は、目と鼻を正確な位置につけてなるべく可愛く作ろうとするが、工場の目的は完璧なぬいぐるみを作ることではなく、できるだけ早くぬいぐるみを生産し、剰余価値を最大にすることだった。

やがて彼女は工場のシステムにコントロールされ始める。目と鼻のバランスがちょっと悪くても構わない。できるだけ早く生産した方が、利潤のために良いからだ。

このような状況が何年も続いた。彼女はもう、以前のぬいぐるみを愛した彼女ではない。**剰余価値を作り出す機械**の一部にすぎない。

3章−3

資本家は
労働者から
搾取する

労働者の無給労働はどんどん大きくなっていく

超訳

資本家にとって、労働者が過去にした無給の労働は、**無給労働をさらに増大させる効果**がある。

資本家は資本を蓄積すればするほど、さらに大規模な蓄積が可能となる。

資本家と労働者の間に続く交換関係は、等価交換が基本になる流通の過程と表面上は似ているが、本質はまったく違う取引である。

（第1巻24章）

無給労働は増大し資本も増大する

あるサラリーマンは、午後2時までは自分の給料分にあたる仕事をして、その後は会社のために「無給労働」を積み上げているかもしれない。

また、あるサラリーマンは、午後11時までは自分の給料のために働き、その後は延々と会社に無給の労働をしているのかもしれない。

給料や、労働の強度や残業の時間、業務の効率などの変数が無給労働の時間を決める。

自分の努力が自分を搾取する武器になる皮肉は、資本主義システム下の労働が持つ矛盾である。

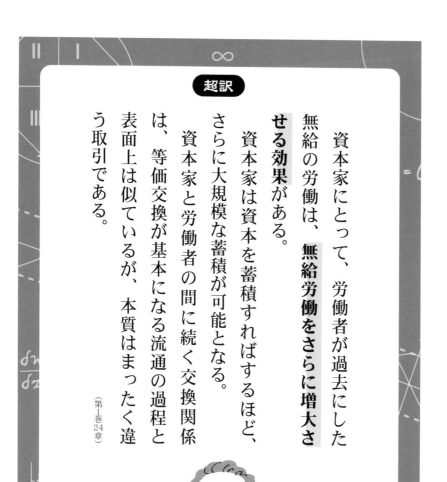

Point

無給労働の連鎖によって資本は大きくなっていく

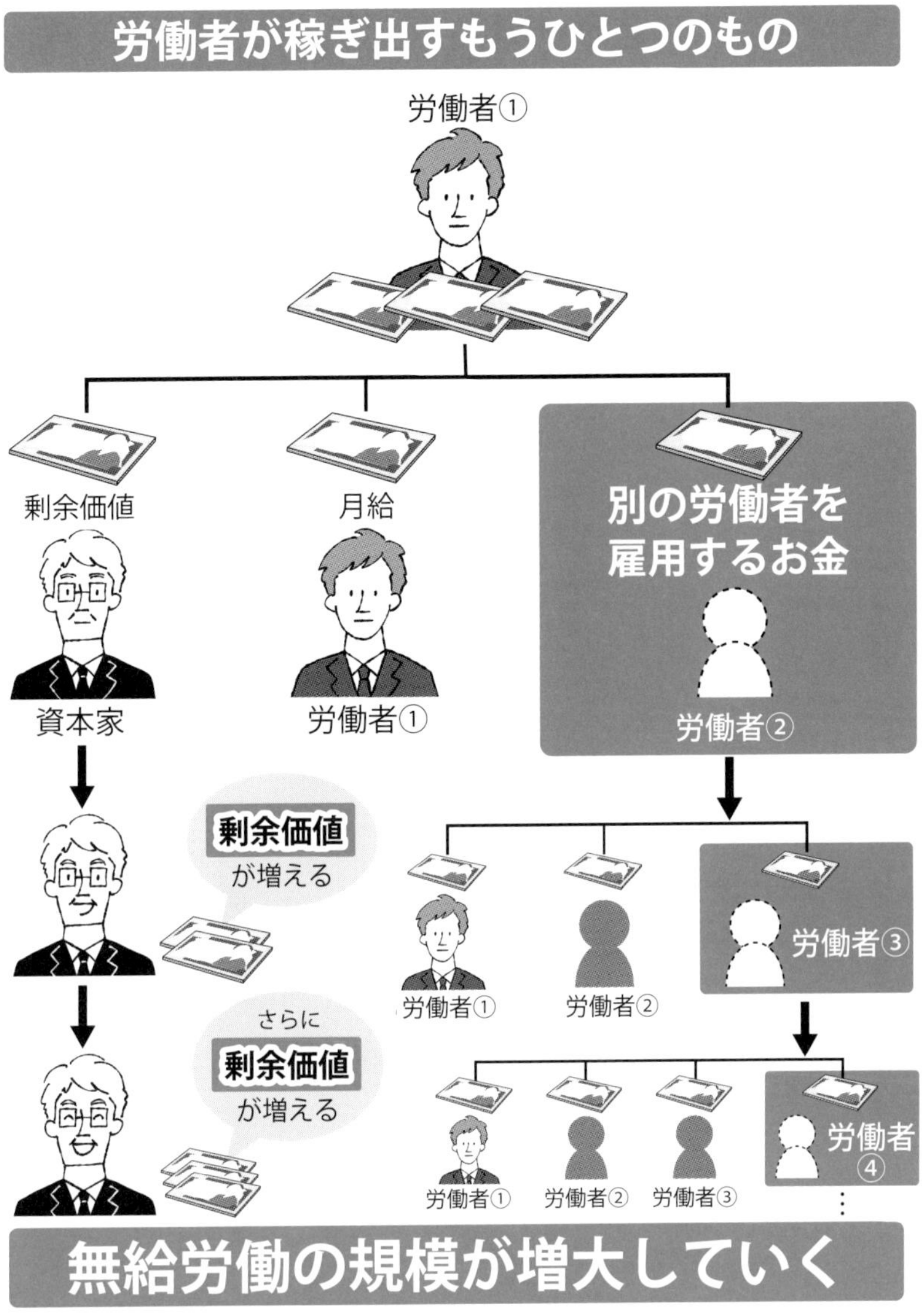
労働者が稼ぎ出すもうひとつのもの
労働者①
剰余価値
月給
別の労働者を雇用するお金
資本家
労働者①
労働者②
剰余価値
が増える
さらに
剰余価値
が増える
労働者①
労働者②
労働者③
労働者①
労働者②
労働者③
労働者④
無給労働の規模が増大していく

しかし、労働者の労働は、個人のみに収まる話ではない。

超訳文が言いたいのは、労働者は「無給サービスタイム」中、ただ資本家が利益をあげる助けをしているだけではない。彼は、**資本家がまた別の労働者を雇用するお金をも稼ぎ出している**ということだ。

そして資本家は当然、その別の労働者からも無給労働を搾取することになる。

こうして**無給労働の規模がどんどん増大**し、それがさらに資本の規模を増大させることになる。

労働者は搾取の再生産の手伝いもしている

資本は「過去の労働の結果」だ。過去の労働が実体化されたものが現在の資本だ。

つまり過去の労働は、過去に自分が搾取されただけでは終わらず、**将来、もっと多くの人が搾取される手伝いをしている**ことになる。資本が大きくなればなるほど、搾取の規模は増大するからだ。

3章−4
資本家は労働者から**搾取**する

剰余価値率は搾取の割合でもある

超訳

資本は、生産手段に投資された**不変資本**と、労働力に投資された**可変資本**、2つの要素で構成されている。
剰余価値で可変資本を割った数値を、私は**「剰余価値率」**と呼ぶ。
剰余価値率は、**資本が労働力を搾取する割合**を正確に示す。

（第1巻9章1節）

資本家のための「剰余労働」

あるサラリーマンが1日12時間働くとして、そのなかの5時間は自分のために働く時間で、残りの7時間は会社のために働く時間だとしよう。前半の5時間は**「必要労働」**で、後半の7時間は**「剰余労働」**である。

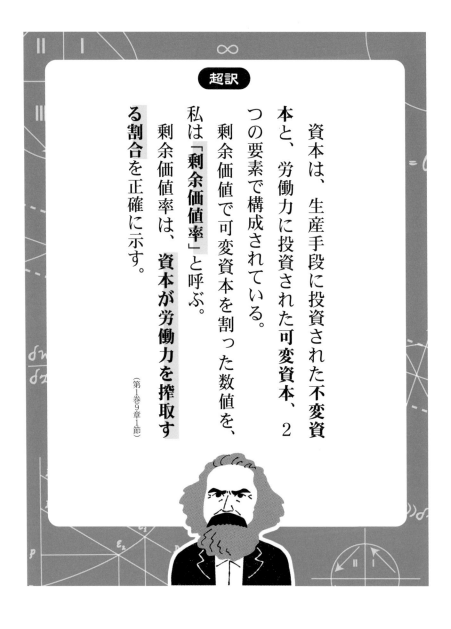

資本家にとっては、サラリーマンが出勤してから5時間は彼の1日分の賃金に使われた資産を回収する時間であり、その後はひたすら資本を増大させるための時間である。だから**1日の勤務時間が重要になる。**

夜勤や残業で長時間労働を強いる会社は、社員からできるだけ多くの剰余価値を生み出そうとしているのだ。

福利厚生が手厚く、休憩時間を長くとる経営者も、人が良いのではなく、社員のコ

Point

資本家は労働者の労働時間を増やして剰余価値率を高めたいと考えている

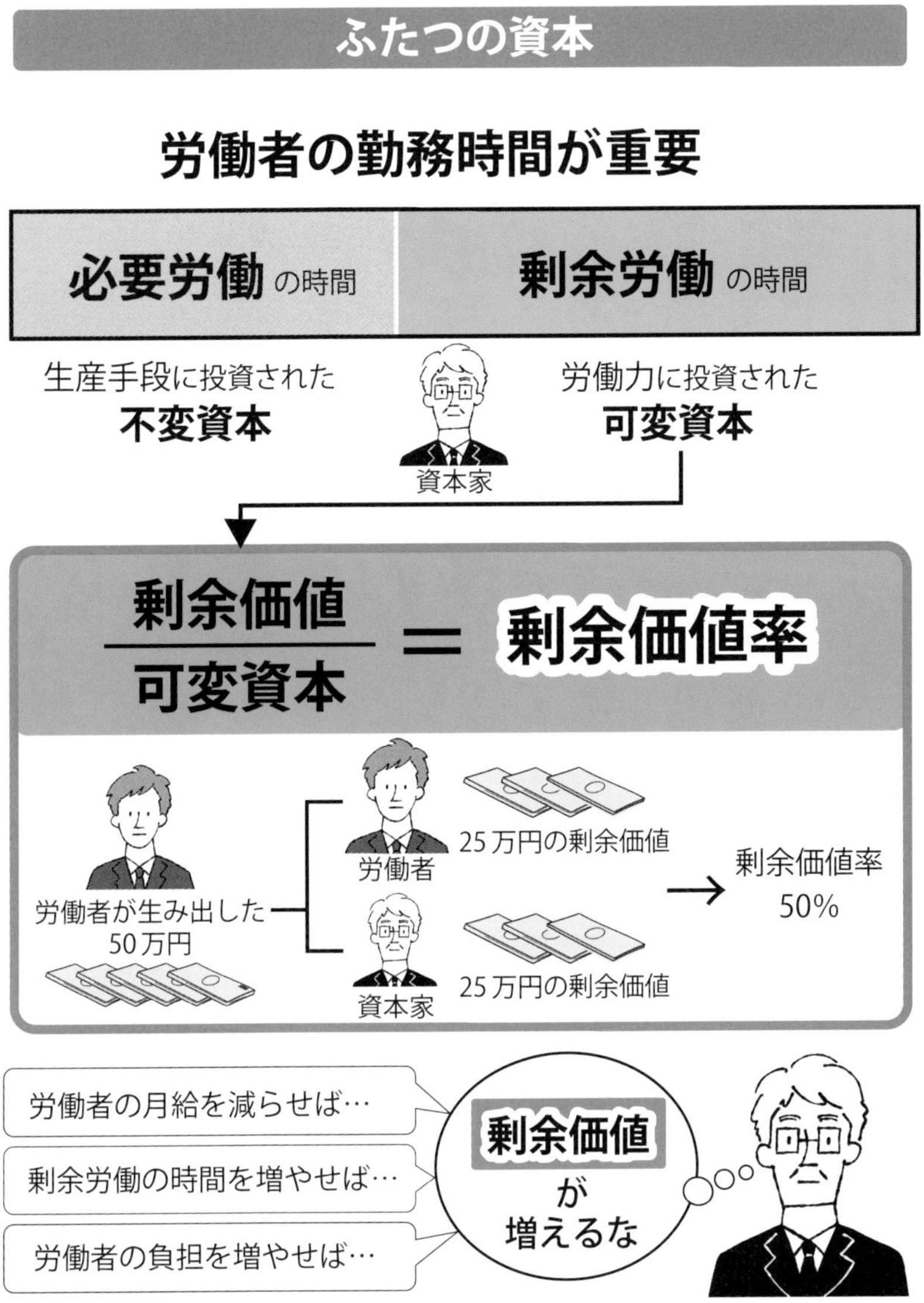
ふたつの資本
労働者の勤務時間が重要
必要労働 の時間
剰余労働 の時間
生産手段に投資された
不変資本
資本家
労働力に投資された
可変資本
剰余価値
可変資本
＝
剰余価値率
労働者が生み出した
50万円
労働者
25万円の剰余価値
資本家
25万円の剰余価値
剰余価値率
50%
労働者の月給を減らせば…
剰余労働の時間を増やせば…
労働者の負担を増やせば…
剰余価値
が
増えるな

ンディションが良ければ剰余労働の効率を高めることができるからで、結局剰余価値を高めようとしているにすぎない。

資本家の仕事は剰余価値率を高めること

可変資本で剰余価値を割った数値、**「剰余価値率」**がその搾取の程度を示す数値である。

例えば50万円の月給を得るサラリーマンのおかげで、資本家が1ヶ月に25万円の剰余価値を得ていれば、剰余価値率は50％になる。月給を25万円にするとか、もっと働かせて50万円の剰余価値を生み出すようにすれば剰余価値率は１００％に増大するだろう。

「従業員は家族です」と言い切る経営者は世に多いが、資本家としては給与を減らしたり、労働時間を長くしたり、負担を増やすことによって剰余価値率を高めなければならない。**資本家の仕事はひたすら、剰余価値率を高めること**だからである。

3章-5
資本家は労働者から**搾取**する

分業・協業によって労働者は組織の歯車になる

超訳

分業システムにおいては、**個々の仕事は単純になり、労働力の価値も安くなる。**複雑な技術を学ぶ必要もないし、労働力を維持するための費用も安くなるからだ。

　労働力の価値が安くなると、剰余価値が増大し、資本の利益になる。資本主義システムの分業は、労働者の能力を分割するので、個人の精神的・肉体的能力は制限されていく。こうして彼は、**自分の専門技術〟を使うために、資本家に依存**していくのである。


（第1巻14章）

分業が可能にしたこと

商品の存在は、社会的な分業を前提条件とする。もし分業がなければ、この世でもっとも重要な職業は食べ物を生産する職業——農業や漁業——である。小説家や、画家が富を得る機会はない。分業があるからこそ、村上春樹のような人気作家は、小説を書くだけで富と名声を得ることができる。人気スポーツ選手や歌手、映画俳優も莫大な報酬を手にすることができる。

　これこそ、資本主義社会下で可能になったことだ。

協業には利点もあるが…

このような点はサラリーマンも同じだ。

Point

分業・協業は労働者を弱くする

分業・協業の持つ意味

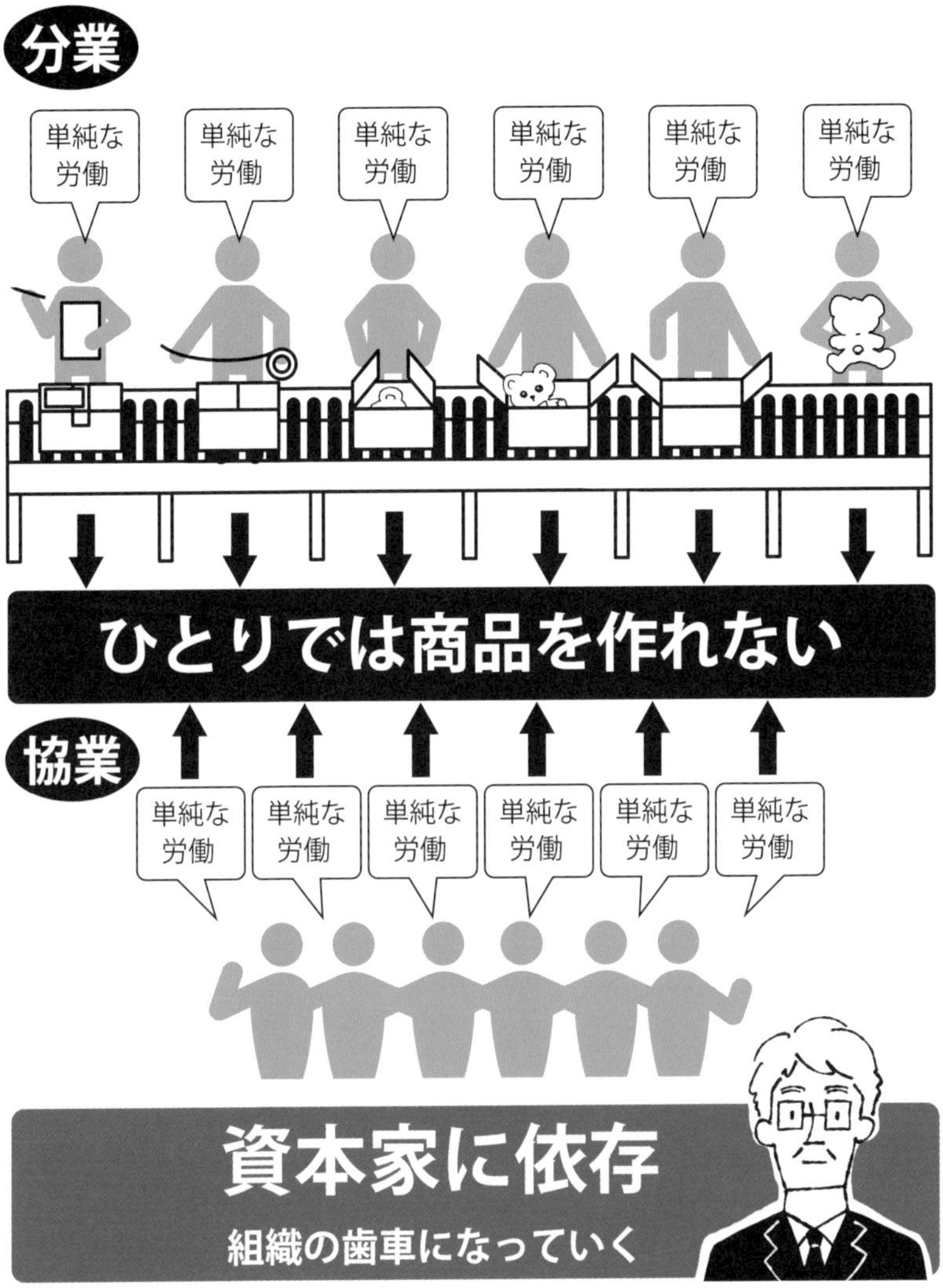
分業
単純な労働
単純な労働
単純な労働
単純な労働
単純な労働
単純な労働
ひとりでは商品を作れない
協業
単純な労働
単純な労働
単純な労働
単純な労働
単純な労働
単純な労働
資本家に依存
組織の歯車になっていく

チームで仕事を分担することの利点は、問題解決にかかる時間が短縮される点だ。自分の知識では解決できない問題が発生したときも、同じオフィスの同僚の中に、その解決方法を持つ人がいるのだ。

協業は労働者にとっても便利な方法だが、あまりにこれに慣れてくると、**ひとりで働けない体**になってしまう危険がある。

例えば、人形の工場でぬいぐるみに目をつける作業を、一生かけてしてきた人がいるとすると、彼は工場を辞めてしまうとひとりでぬいぐるみを作ることができない。

協業のシステムのもとでは、全体の作業が、**小さな、そして単純な労働に分割され、**ひとつひとつが個々の労働者に割り当てられる。

そしていったん特定の作業を担当すると、なかなか**別の作業が担当できない**。その道のベテランを、あえて他の担当者に変える理由がないからだ。

これはシステムとしては効率的だが、**一個人の労働者をゆっくりと組織の歯車に変えるしくみ**である。

3章−6
資本家は
労働者から
搾取する

労働者はみずから資本に隷属する

超訳

資本主義的生産は労働者を搾取するための条件を存続させようとする。

つまり、**労働者が生存のために労働力を売って**、資本家を豊かにしてくれるよう仕向ける。資本家は労働者が生産した富を利用して、労働者を買う。

こうして労働者は市場で労働力の売り手として資本家と出会うが、実は彼は**自分を資本に売る前から資本に隷属している**。それは**労働力の販売の周期的な更新**と、**雇い主が変わること**で隠蔽されている。

（第1巻23章）

労働者の盲点は月給制にある

多くのサラリーマンは自分の月給を「ひと月分の賃金」だと考え、1日に何時間働いているのかについてはあまり考えない。たいていの人は、月給が生活に十分で、同じ条件の他人と比べて遜色がなければ、それが当然の価格と見なしている。

ある人の月給が30万円だとしよう。残業代を別に考えれば、1日9時間働こうが、12時間働こうが、月給は30万円である。

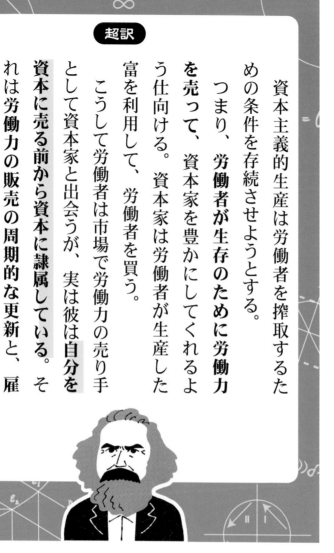

実は、これが**月給制の盲点**だ。

もしその月給が、1日6時間労働の価値と同じならば、出勤して6時間働くまでは、自分の月給に見合った仕事をしているが、それ以後の時間はまるごと資本家のために

Point

生活の安定のために労働者は不満があっても仕事を続ける

月給制の盲点

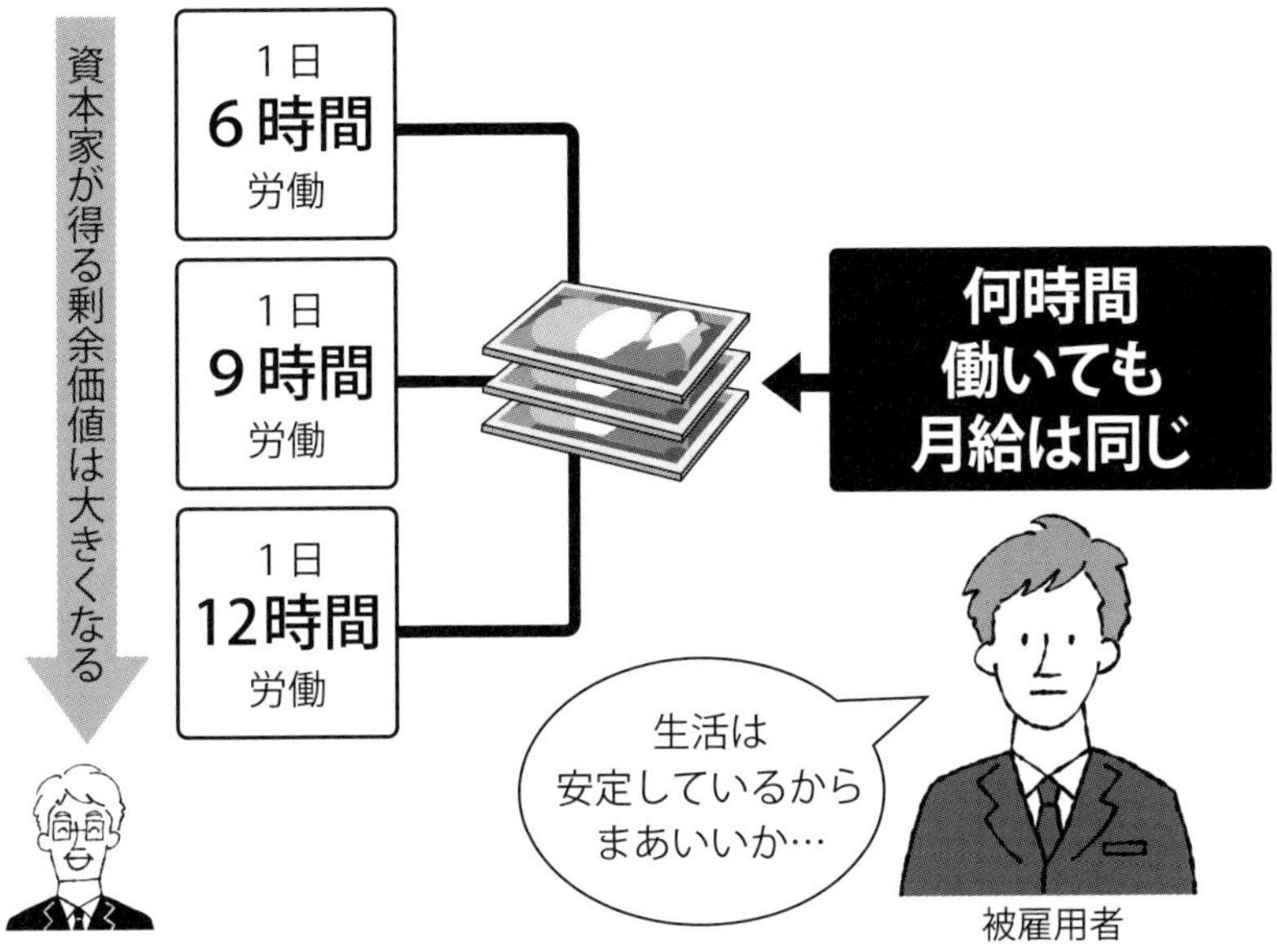
資本家が得る剰余価値は大きくなる
1日 6時間 労働
1日 9時間 労働
1日 12時間 労働
何時間働いても月給は同じ
生活は安定しているからまあいいか…
被雇用者

労働者の自発的な隷属

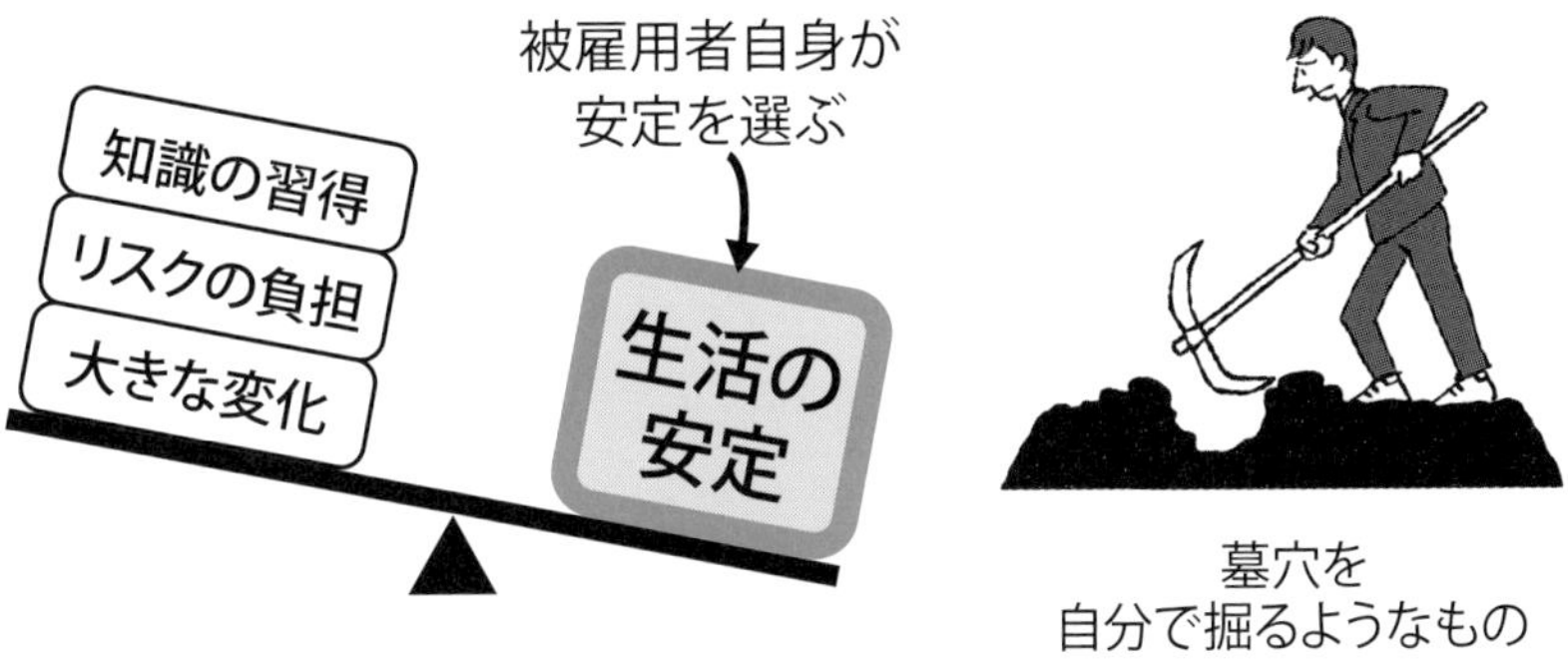
被雇用者自身が安定を選ぶ
知識の習得
リスクの負担
大きな変化
生活の安定
墓穴を自分で掘るようなもの

働くことになる。

生活が安定していれば労働者は資本家のためにタダ働きを続ける

だが、生活に困っていなければサラリーマンはそれを不当だとは思わない。

月給は生活の維持には十分だし、**生活が安定していれば、仕事を辞めずにずっと働くことができる**からだ。

ここが重要なのだが、つまり労働者は、**彼が生み出す労働のすべてを補償されなくても、明日も、その次の日も、働き続ける**ということである。

このような構造を維持するのは、結局は被雇用者自身である。

映画などで、暴力団が借金を返さなかった人を山に連れて行き、自分の墓となる穴を掘らせる場面を観たことがないだろうか？

自分の労働で、自身を資本に隷属させる人の立場も似たようなものである。

3章－7
資本家は労働者から**搾取**する

資本の循環が速いと生産性が高まる

超訳

資本の循環周期が短くなればなるほど、貨幣で投下した可変資本は、より素早く貨幣に再転化する。だから、**資本の循環周期が短くなると、投下した資本の規模に比べて資本家が得る剰余価値の量が相対的に大きくなる。**

資本の循環周期が短ければ、このように剰余価値が増大するから、同じ資本を投下しても生産の規模がどんどん拡大する。

（第2巻16章3節）

循環を早めることで剰余価値が増大する

マクドナルドの店の椅子が座りにくい理由は、客に早く席を立ってもらうため、というのは有名な話だ。

客は椅子が座りにくいことを最初は意識しない。だが注文したハンバーガーを食べ終わった頃に、何となく座り心地の悪さを感じ始める。やがて「そろそろ出るか……」と思い立ち、席を立つのだ。そしてその席には、新しい客が座る。

こうして**循環が早くなると、店の売り上げはその分上がる**のだ。

「この椅子はとても柔らかくて気持ちいい。ああ、ここでこのまま死んでしまっても良い……」という椅子なら困ってしまう。

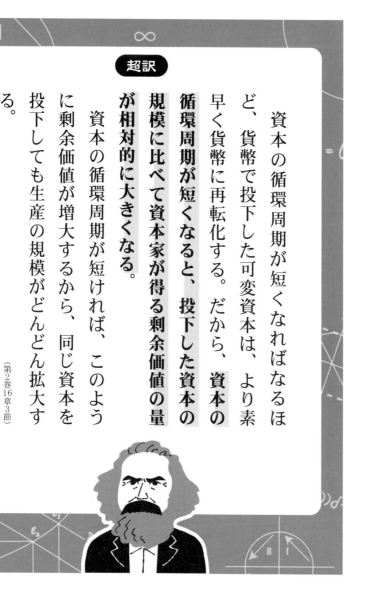

Point

剰余価値を増やすために資本家は循環を早める

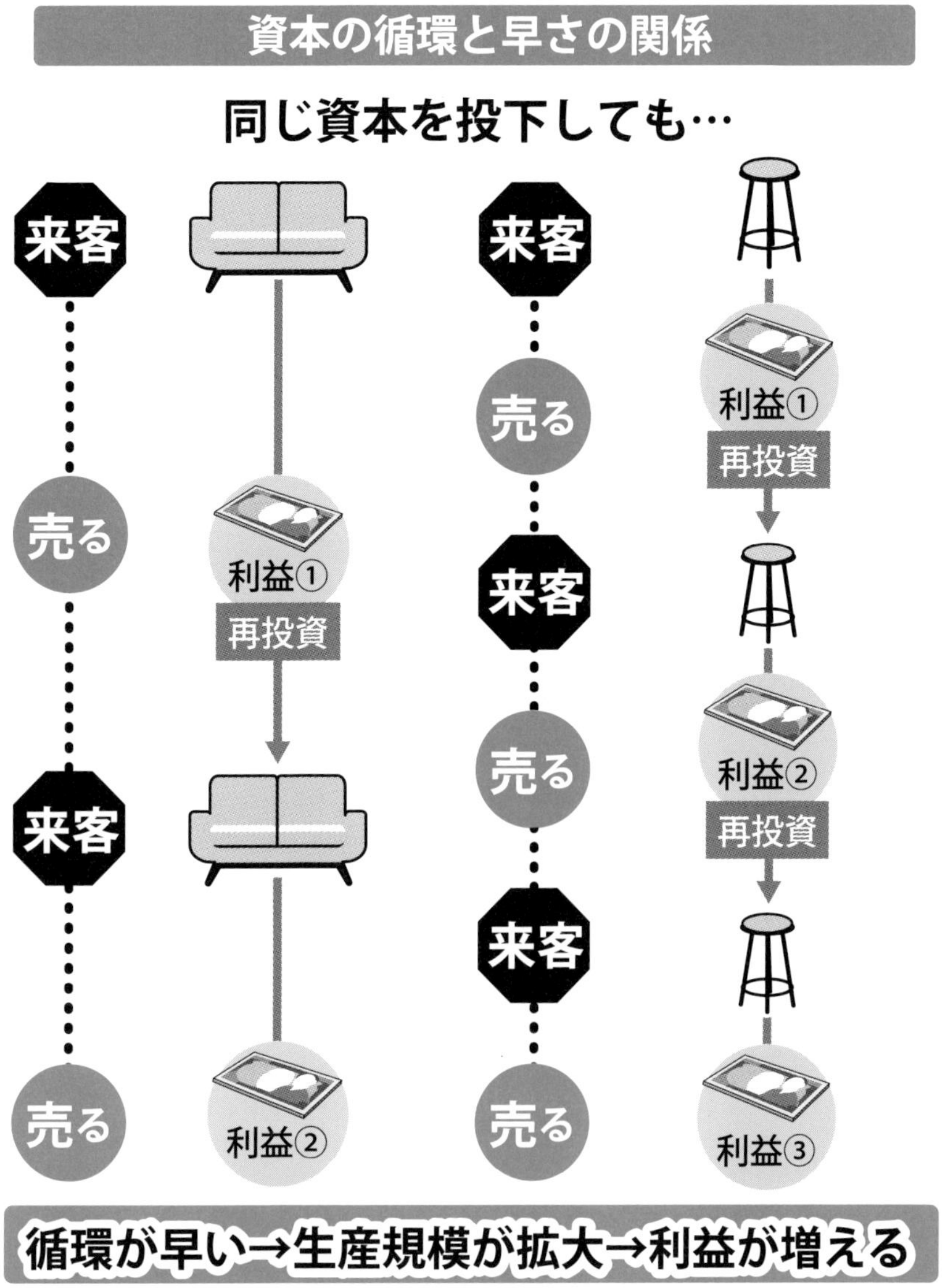
資本の循環と早さの関係
同じ資本を投下しても…
来客
売る
来客
売る
利益①
再投資
利益②
来客
売る
来客
売る
来客
売る
利益①
再投資
利益②
再投資
利益③
循環が早い→生産規模が拡大→利益が増える

循環は鈍くなり、マクドナルドの売り上げは低下するだろう。

労働者の賃金もすぐ回収できる

このように、生産した商品が早く貨幣に転換することは資本に有利だが、他にも次のようなメリットもある。

もし生産して1年かけて売れる物であれば、雇っている労働者に支払う賃金の回収は1年後になる。だが生産したとたんに売れる物があれば、さっき労働者に支払った賃金を、即座に回収することができる。

そこで資本は自分の循環周期を短くするため、いろいろ努力する。座りにくい椅子を使うだけでなく、椅子と椅子の間の空間を少し狭くしたり、4人用のテーブルを置かずに2人用の小さいテーブルを置いたりするのだ。

これらは同じ労働力と生産手段で**より多い剰余価値**を生み出し、生産性を高める方法になる。

3章－8
資本家は労働者から搾取する

生産性が向上すると労働の価値は下がる

超訳

イギリスで機械が導入されると、工場では布で衣類を作る時間が半分になった。

社会的に必要な労働時間が半分になったのは、衣類の**価値が半減**したことを意味する。

一般的に、**生産性が高くなると価値は下がり**、生産性が低くなると価値は高くなる。

（第1巻1章1節）

生産性が向上すると労働量が減る

個人で仕事を請け負う職人が、いくら効率的な方法を編み出したところで、社会全体の生産性に与える影響はない。

しかしテクノロジーが進歩して、社会全体の生産性が向上すると、価格は下がる。一般的に**必要な労働の量が少なくなる**からだ。

例えば、しょうゆは大豆を発酵させて作る調味料だ。まともに発酵させて作ろうとすれば、とても手間がかかる。

だが現代の市場で売られているしょうゆのほとんどは、化学的なプロセスで豆を分解した液体である。

伝統的な手法で作ったしょうゆが、化学

Point

テクノロジーの進歩が生産性を向上させ商品の価格を下げる

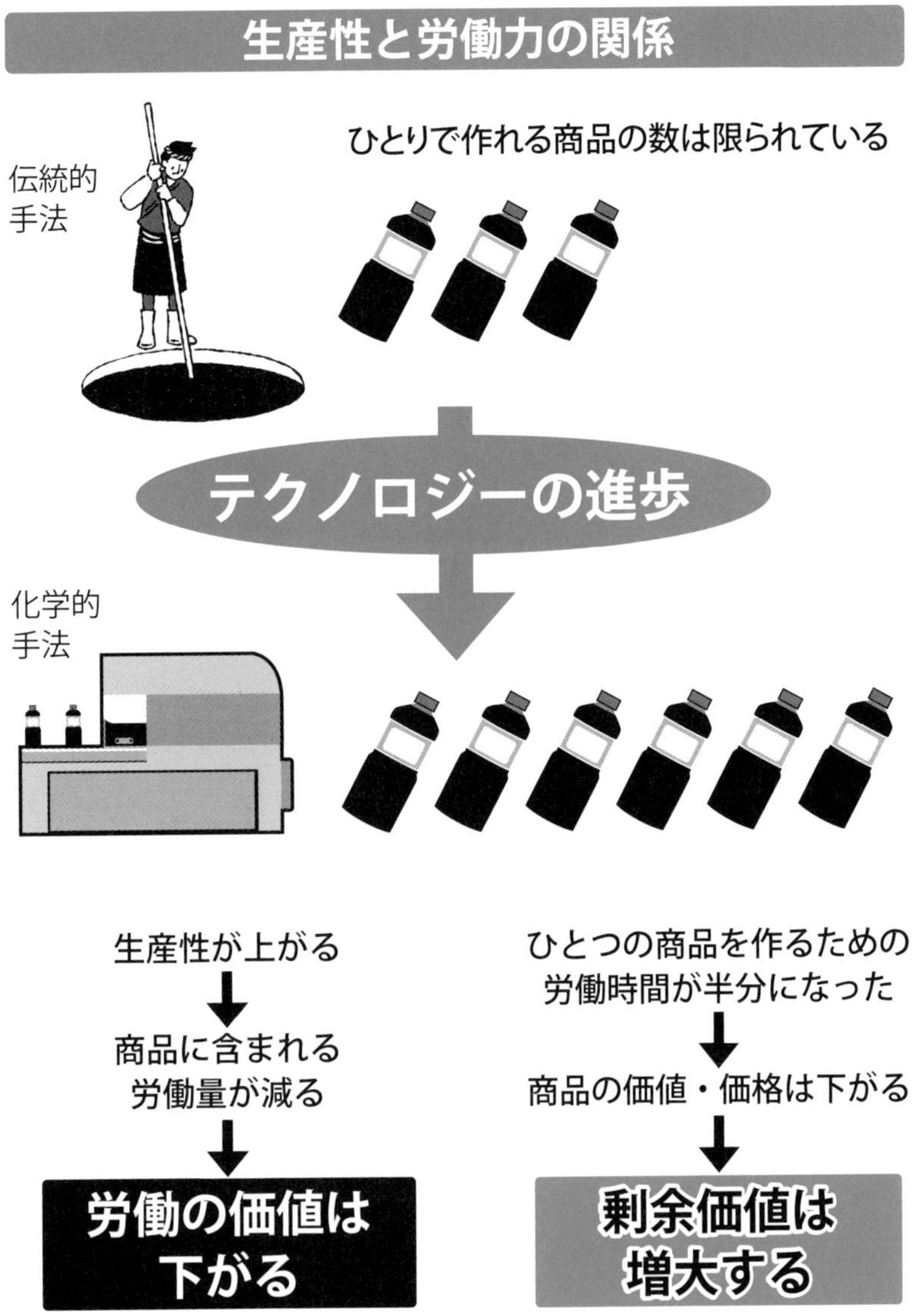
生産性と労働力の関係
伝統的手法
ひとりで作れる商品の数は限られている
テクノロジーの進歩
化学的手法
生産性が上がる
商品に含まれる労働量が減る
労働の価値は下がる
ひとつの商品を作るための労働時間が半分になった
商品の価値・価格は下がる
剰余価値は増大する

的な方法で作ったそれより高価な理由は、それが健康に良いからというわけではなく、それを作るために多くの努力が必要だからだ。

化学的な手法でほぼ同じ味の商品を作ればずっと短い時間（＝少ない労働）で商品を作ることができる。

労働量が減ると労働の価値は下がる

インスタントラーメンも同様だ。

動物の骨で作るスープを化学的な添加物で作り、生産にかかる手間を省く代わりに、価格を下げている。

「これは健康に悪いから、その代わりに安くします」というわけではない。**生産性が上がって必要な労働が少なくなり、そのため価値が下がった**わけだ。

商品の価値は「その商品の質がどれくらい良いか」ではなく、「それを生産するためにかかった人間の努力」により決まるのだ。

3章－9

資本家は労働者から**搾取**する

テクノロジーが生み出す富は資本家のもの

超訳

財産の所有は、もとは自分の労働に基づいていた。だが今は、資本家が無給労働とその結果を利用する権利を持ったため、**労働者は自分の生産の結果を所有することはなくなった。**

財産と労働の分離は、両者の本質から由来する不可欠な結果なのだ。

（第1巻24章）

労働と所得は分離されている

アメリカのベル研究所は、トランジスタ、レーザー、ＵＮＩＸオペレーティングシステム、無線ＬＡＮ、電波望遠鏡などの革新的な技術を開発した研究所である。

だが、これらを発明した研究員がお金持ちになったという話を聞いたことがない。なぜか？

それは、研究員は皆、ベル研究所に雇われている**労働者**にすぎないからだ。

いくら革新的な技術を開発しても、すべての発明の特許は企業の所有であり、個々の労働者のものではない。**労働と所有は分離されている**からだ。所有と労働の分離は、資本主義の掟だ。

Point

テクノロジーが進歩しても労働者は富を得られないし楽にもならない

テクノロジーの発達と商品価格の関係

「電話をする」という使用価値は変わらないが…

ショルダーフォン
携帯電話
スマートフォン

テクノロジーの進歩は

すべての商品の価格を下落させる

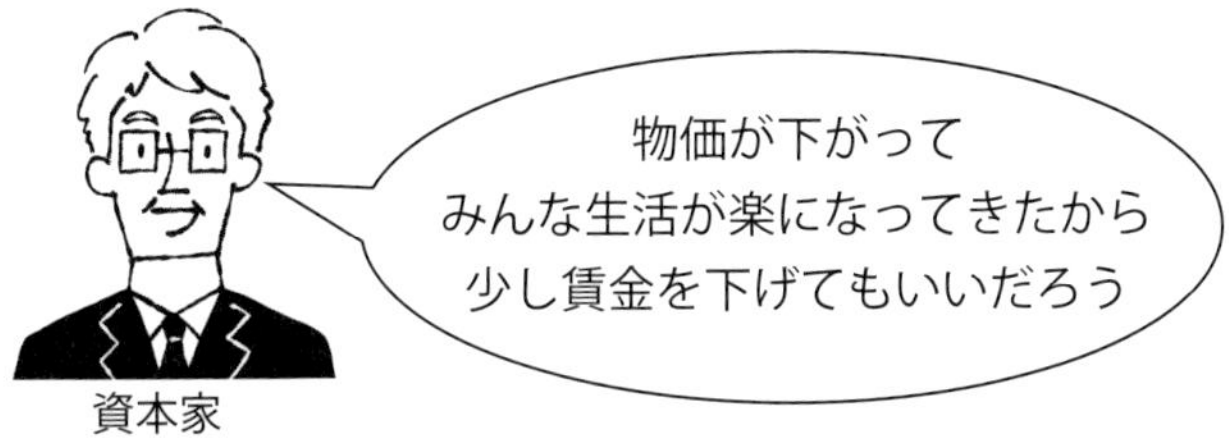
物価が下がって
みんな生活が楽になってきたから
少し賃金を下げてもいいだろう
資本家

所有と労働の分離

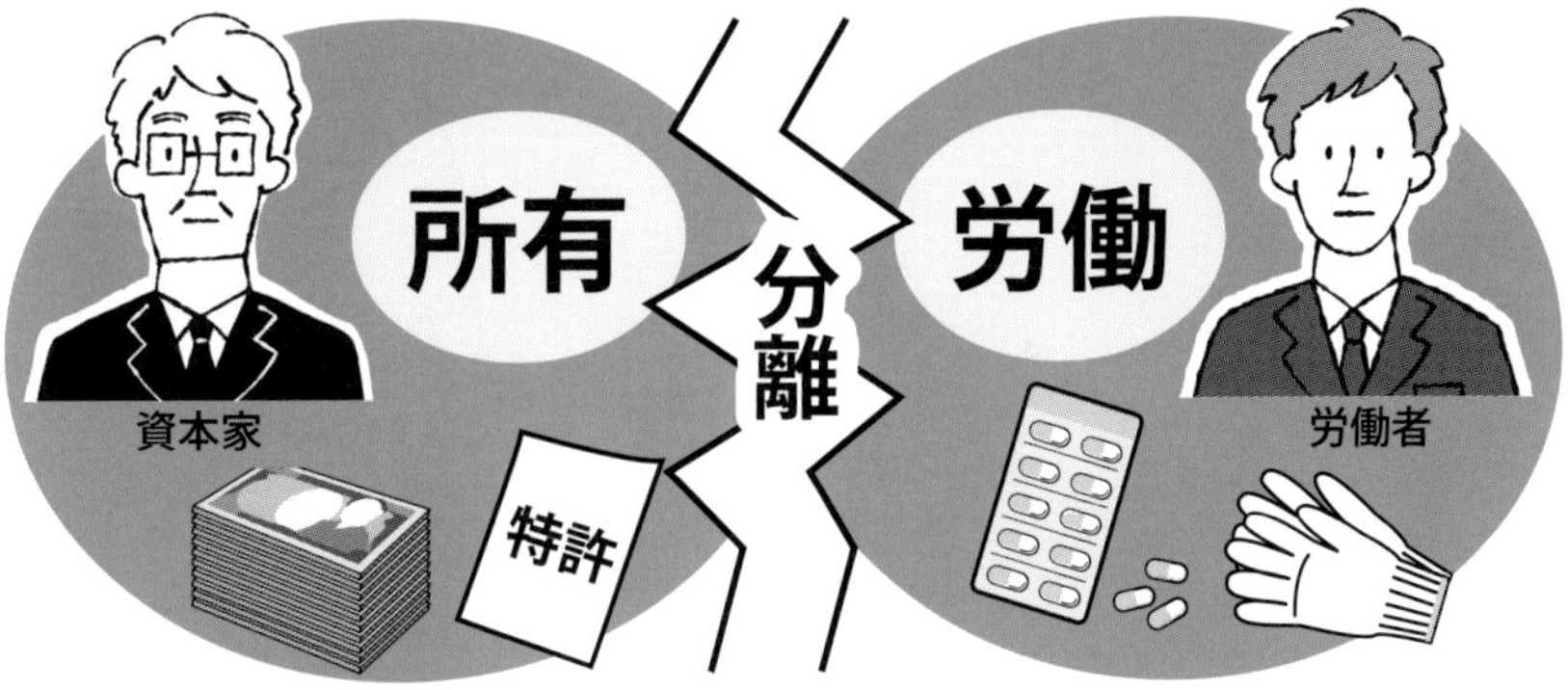
所有
分離
労働
資本家
労働者
特許

労働者は楽にならない

だが、テクノロジーが進歩すれば、労働者は楽になるのではないか？　新しいテクノロジーを導入して生産性を高めれば、生活に必要な商品の価値も下がり、労働者の生活を維持するために必要な費用も減少するのではないか？

しかし、テクノロジーが進歩しても、労働者は豊かにならない。

テクノロジーの進歩は、同じ使用価値を安値で供給してくれる。大量生産のおかげで食品や衣類などの価格も下落するから、**労働者は安い賃金でも生活できる**。労働力の回復のために必要な費用が減れば、**労働力の価値も下がってゆく**のだ。

したがって必要労働は減少し、相対的に剰余労働の比率が増大する。

意外な結果である。**テクノロジーによる生産性の向上は、労働者を豊かにしてくれるどころか、労働力の価値を低下させただけ**。テクノロジーが生み出す富は、剰余価値という形で資本家のものになるのだ。

3章－10
資本家は労働者から**搾取**する

失業者が増えると資本家は労働者を買い叩く

超訳

蓄積の進行につれて、不変資本に比べて可変資本の比率はどんどん減少する。資本の蓄積による可変資本の比率の減少は加速され、常に労働者の方には雇用されない**「相対的剰余人口」**が出てくる。

それは、資本が自己増殖の過程で需要の変化があるとき、必要に応じて搾取することができる**「産業予備軍」**になる。

（第1巻25章3節）

「相対的剰余人口」とは失業者のこと

「予備軍」とは、平時は一般人だが、戦争が起こるや軍人に変身する人々を意味する。同様に**「産業予備軍」**とは、いつもは定職につかずぶらぶらしているが、必要なときに限って雇われる人々を意味する。

ビジネスは成長する時期もあれば、停滞する時期もある。停滞して剰余価値を得ることができなくなることも問題だが、成長している時期に必要な労働力を素早く雇えないのも問題である。

そこで労働市場には、いつも**剰余の労働力**がある方が良い。労働力が必要なとき、いつでも雇うことができるからだ。

ここでいう「剰余の労働力」とは、雇われ

Point

「剰余の労働力」の存在はすべての労働者を苦しめる

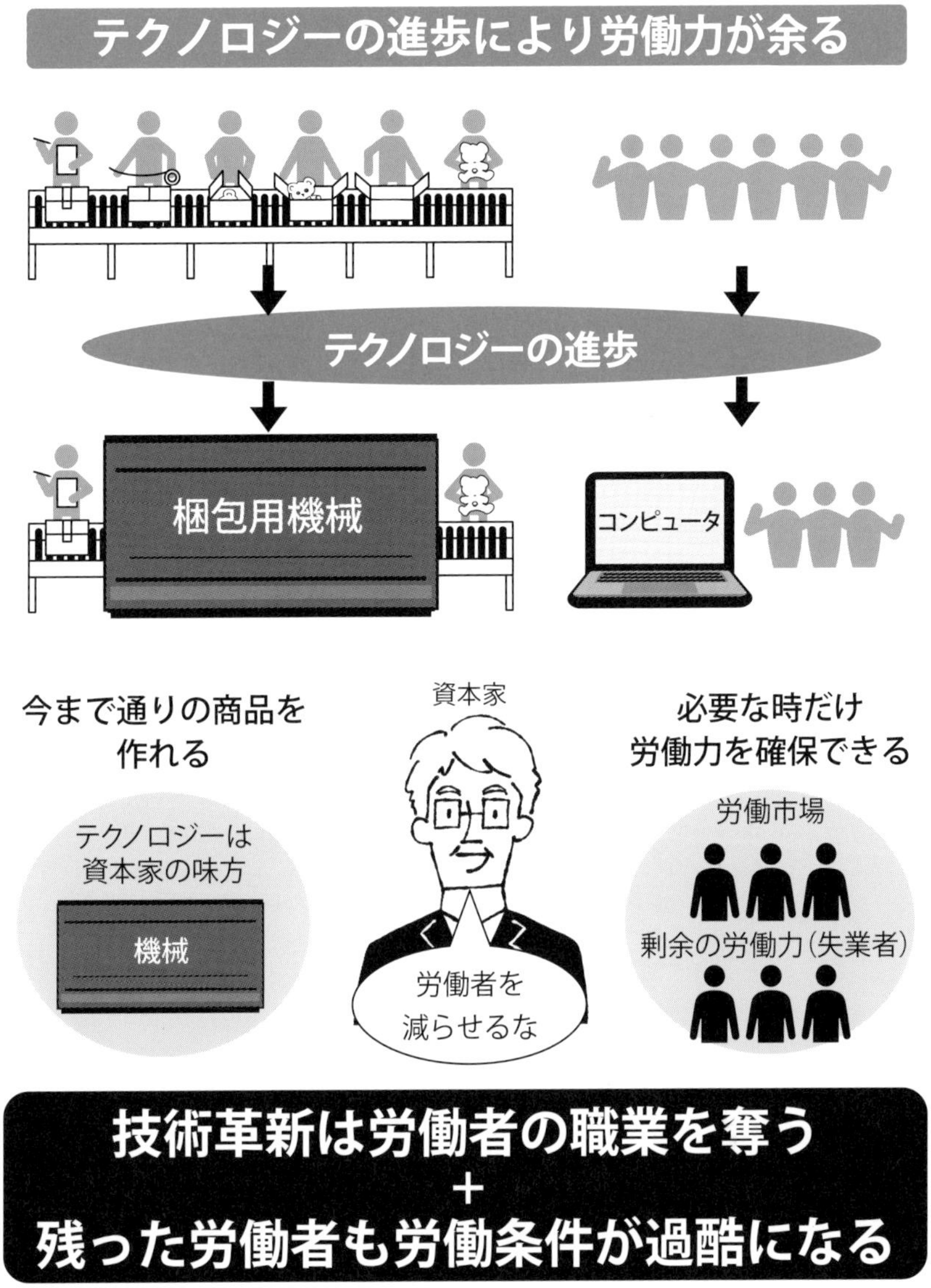
テクノロジーの進歩により労働力が余る
テクノロジーの進歩
梱包用機械
コンピュータ
今まで通りの商品を作れる
テクノロジーは資本家の味方
機械
資本家
労働者を減らせるな
必要な時だけ労働力を確保できる
労働市場
剰余の労働力（失業者）
技術革新は労働者の職業を奪う
＋
残った労働者も労働条件が過酷になる

ていない人――つまり**失業者**を意味する。

労働条件は過酷になり労働者は安心できない

現代はテクノロジーの進歩により生産性が改善され、少人数での生産が可能だから「産業予備軍」の数はいつも十分である。派遣社員制度が登場したのも、こうした背景があったからだ。

科学技術がいくら発達しても、それは人類を豊かにしてくれるどころか、失業者の数を増やす結果になったのだ。

こうなると、**労働力の供給がその需要をつねに上回る**から少額の賃金でも働きたい人が多くなり、就職している人々も安心することができない。

資本家から「他の人はもっと安い賃金で働いているから、あなたの賃金を減らします」「あなたは賃金が高いので、退職してください」と言われるかもしれない。

労働条件がどんどん過酷になり、精神的にも安心できなくなるのだ。

豆知識

剰余価値を生み出す余裕が文明を発達させた

資本主義は悪いところばかりでもない

「世界四大文明」といえばエジプト文明、メソポタミア文明、インダス文明、黄河文明を指す。

これら偉大な古代文明は、すべて暖かい川辺で誕生した。そういったところに住む人々が特別優秀だったからではなく、本文にあるように、個人が自分の生活を維持するために必要な努力が少なく、社会のために働く余裕があったのだ。

腹が減れば近所の木から果物をとって食べれば良い風土では、自分の生活を維持するためにしゃかりきになって働く必要がない。毎日吹雪が吹きまくるシベリアなどでは、1日のすべてを自分の命を保つために使わなければならない。その寒い国の皇帝が巨大な建築物を建てようと人々を徴用しても、気が遠くなるような時間がかかるか、その前に国民がみんな飢えて死んでしまうだろう。

要は、古代の暖かい国と寒い国の差は、生産性の差である。

手を伸ばせば果物がある南国の方が、食料を得るために吹雪の中で野獣と格闘しなければならない北国より、食料が簡単に生産されるのである。つまり、南国の方が生産性が高いのだ。

現代社会では、その生産性が自然環境ではなく、テクノロジーのレベルなどで決まる。現代はテクノロジーで、食料の生産はもちろんのこと、生活費用、養育費用も低く抑えられる。

当然、現代人は比較的安い費用で生活を維持することができる。そして、豊かな南国の古代人たちが残りの時間で皇帝のために働いたように、現代人たちは剰余労働で資本家の富を増やすのである。

Ultra

4章

資本が巨大になるしくみ

Das Kapital Translated

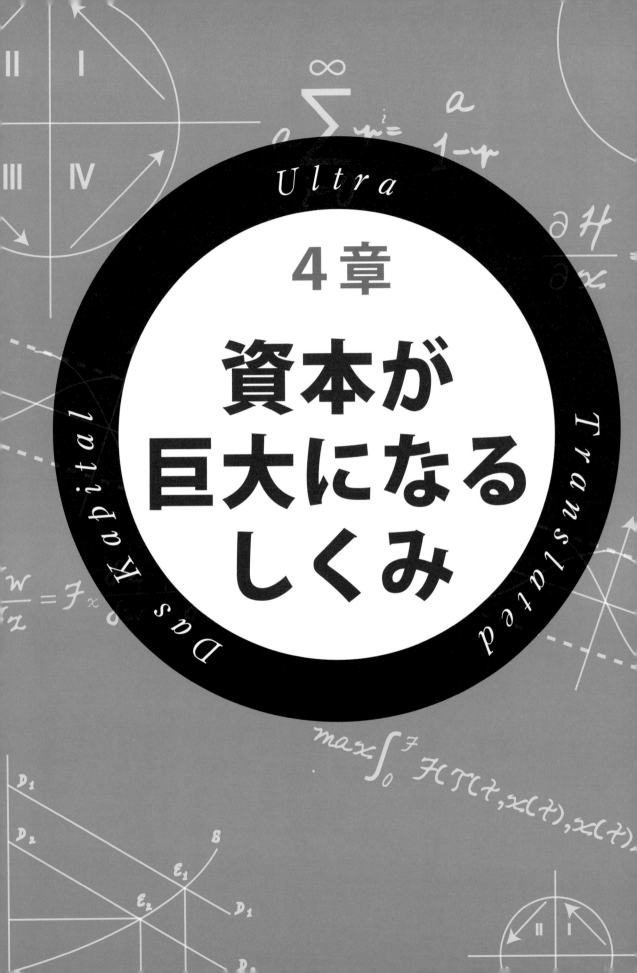

4章－1
資本が巨大になるしくみ

資本の蓄積・集中が生産性を高める

超訳

資本の蓄積が進行する過程では、社会的労働生産性の増加が蓄積を加速させる。**生産手段の大規模な集中も、生産性を高める方法のひとつである。**労働生産性が増大することで、生産手段に必要な労働の量が減少する。（第1巻25章2節）

集中の威力は大きい

「資本の蓄積」は、資本家が得た剰余価値を資本に付け加えて、資本を次々に増大させることを意味する。**「資本の集中」**は、いくつかの資本を合体させて資本の規模を増やすことを意味する。この2つは、資本の規模増大につながる2つの方法だ。

どちらにせよ、目的は同じだ。**資本を中央に集中させて生産性を高め、できるだけ多くの剰余価値を得るため**だ。

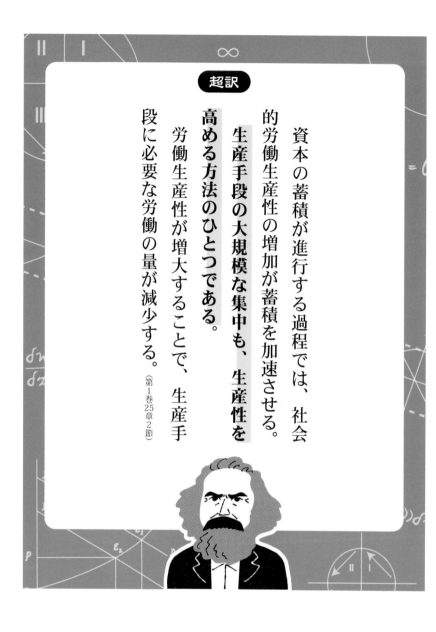

大きなコンビニエンスストアチェーンを見ていると、集中がいかに効率を高めるかが分かる。

もし1000店の店舗がそれぞれの売り上げや在庫を管理すれば、費用は店舗の数

Point

資本を大きくする理由のひとつは生産性の向上

集中すると生産性が高まる

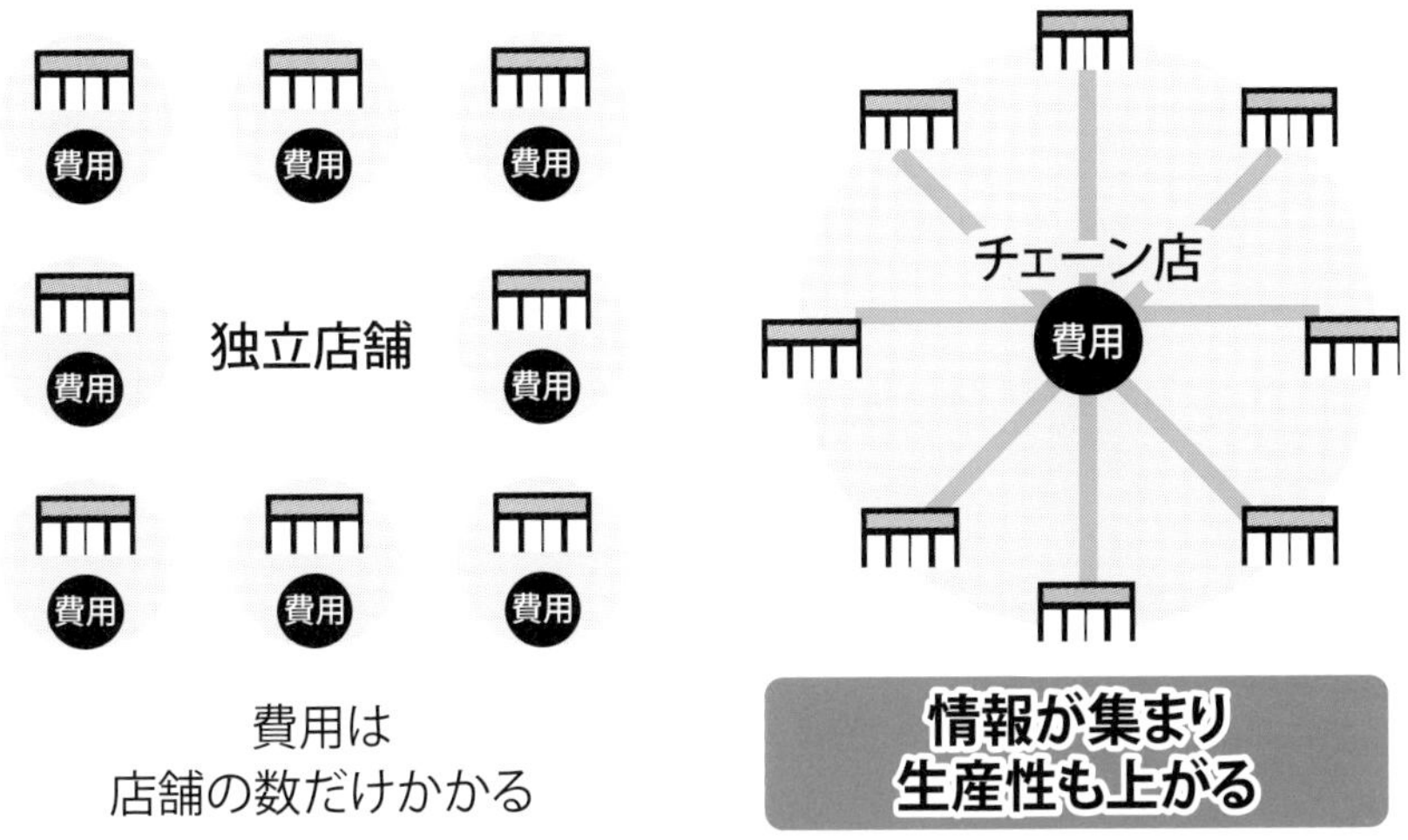
費用
独立店舗
費用は
店舗の数だけかかる
チェーン店
費用
情報が集まり
生産性も上がる

集中が力を生む

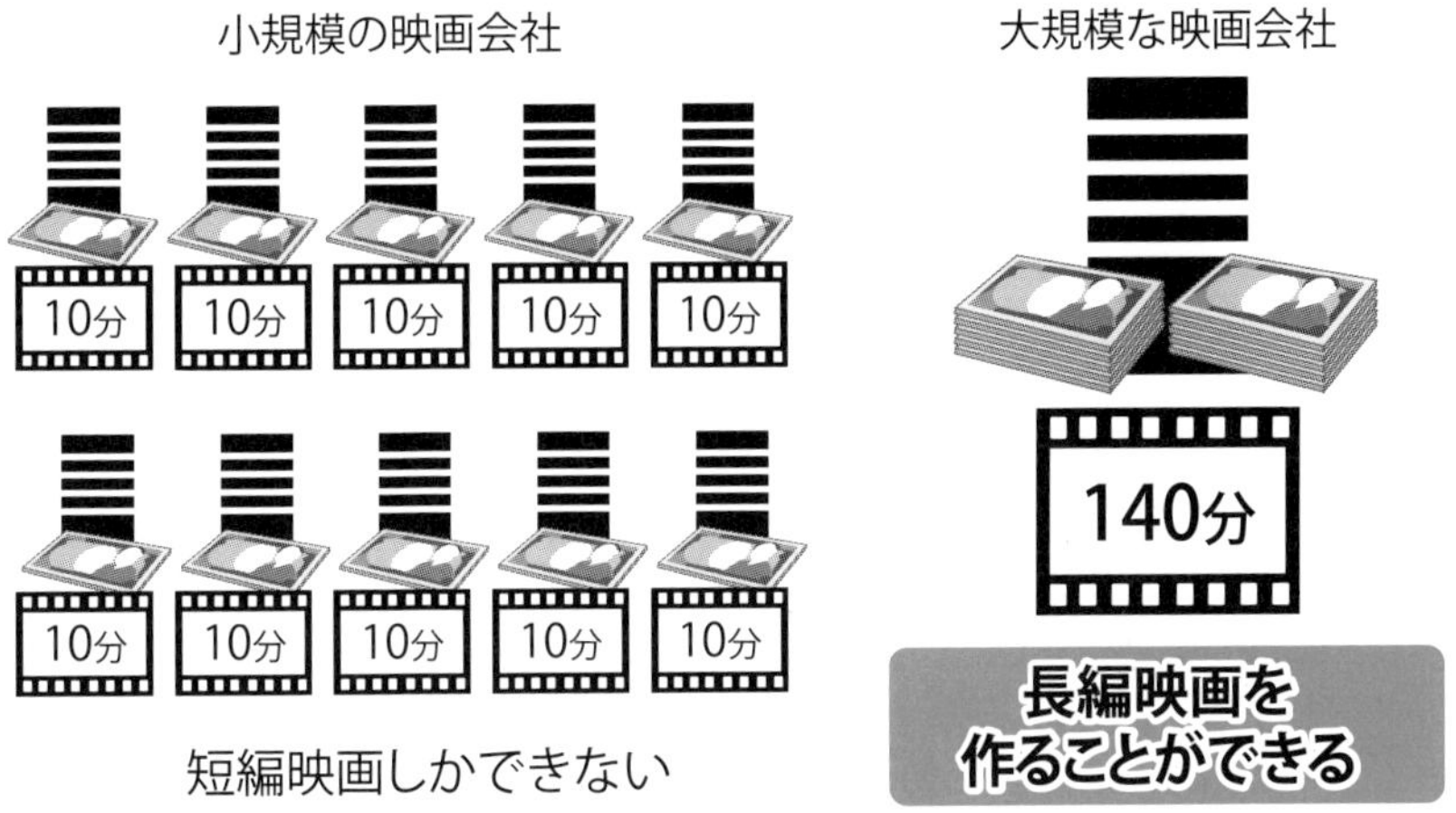
小規模の映画会社
10分
短編映画しかできない
大規模な映画会社
140分
長編映画を
作ることができる

に比例してかかる。

だが、その1000店の管理を本店のコンピュータで処理すると、売り上げや在庫、売れ筋商品といった情報を簡単に処理することができる。

まさに集中の威力である。

一箇所に集まる以上の効果がある

ひとつの巨大な資本は、小規模の資本の集まりではできなかったことができるようになる。

例えば、小規模の映画会社が100万円を投資して10分の短編映画を作ったとする。この場合、同規模の会社が10社あっても短編映画が10本作られるだけだが、10社が合併してひとつの映画会社になれば、1000万円を投資して1時間40分の長編映画を作ることが可能だ。

資本が集中したり、合体したりして大きくなるのは、**ただ一箇所に集まる以上の意味を持つ**のだ。

4章－2
資本が**巨大**になるしくみ

資本は「拡大再生産」する

超訳

資本の蓄積のためには、**剰余生産物の一部を資本に転化する**必要がある。そして、その転化は、原料などの**生産手段**と、労働者の生活を維持する**生活手段**のために行われ、それ以外のケースは存在しない。そして、それらが資本として稼働するためには、資本家階級は追加の労働力を求める。

こうして資本は賃金に依存する労働者階級をさらに雇い、**資本は再生産の過程を通じてどんどん増大する。**

（第1巻24章）

単純再生産と拡大再生産の違い

資本家が資本から剰余価値を得たとき、使い方はいろいろある。

彼は車や別荘を買ったり、彼女にダイヤモンドをプレゼントしたりしてすべて消費してしまうこともできる。こうすると剰余価値は資本に付かないので、資本の量は以前と同量で推移する。

資本家が贅沢な生活をしなくても、剰余価値が少なくて資本が増加しない場合もある。

このように資本が増えず、そのまま維持されながら生産が続くことを「**単純再生産**」と呼ぶ。

これは「**拡大再生産**」と比較される。拡大

Point
「単純再生産」では規模は変わらない
「拡大再生産」は無限の巨大化が期待できる

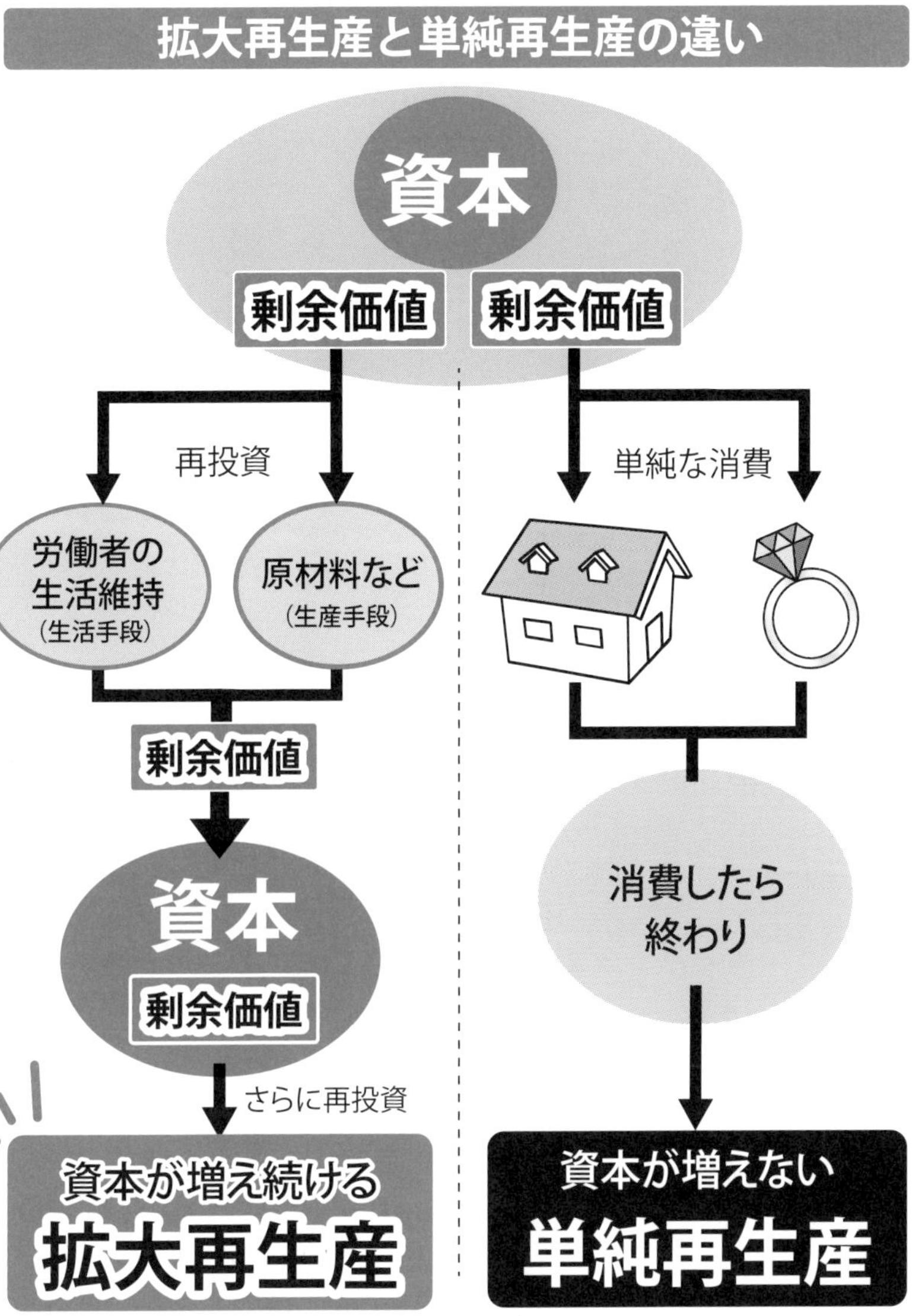
拡大再生産と単純再生産の違い
資本
剰余価値
剰余価値
再投資
単純な消費
労働者の
生活維持
（生活手段）
原材料など
（生産手段）
剰余価値
資本
剰余価値
消費したら
終わり
さらに再投資
資本が増え続ける
拡大再生産
資本が増えない
単純再生産

再生産は、剰余価値が資本の規模をどんどん増やす場合の名称だ。

当然、単純再生産より望ましいのは拡大再生産だ。拡大再生産を通じて巨大になった会社は、単純再生産を繰り返す小さな企業よりも競争で有利だからだ。

再投資によって資本は拡大し続ける

マルクスがここで説明しているのは、「拡大再生産」についてである。

資本が生み出した剰余価値の全部、またはその一部を、資本家が消費せずに**資本に付け加えることで、資本は増大する**。

再投資による生産手段（原材料と道具）の増加は、それを利用してさらにたくさんの商品を生産するために、追加の労働力が必要であることを意味する。そこで資本家はさらに労働者を雇ったり、新しい機械を導入したりする。

このような過程が繰り返されることで、生産規模は大きくなっていく。

4章－3
資本が**巨大**になるしくみ

資本家VS資本家の争いが起こる

超訳

資本の集積の過程には、資本家間の競争がある。**大きな資本は小さな資本に勝つ**。競争は常に小さな資本家の没落に終わり、その一部はなくなって、残りは勝者のものになる。大勢の資本家の資本が、ひとりのもとへ集まると、それは強力な資本になる。

（第1巻25章2節）

巨大な資本は強い

資本主義のシステムのもとでは、ある軋轢《あつれき》が生じる。それは規模を大きくしようとする**資本家間の軋轢**だ。

ここまでは資本家階級と労働者階級の軋轢が必然的だとしてきたが、これはもうひとつの争いだ。

生き残るために資本家は自分の帝国を拡大しようとする。理由は、**競争力をつけるため**である。

例えば、企業がＮＴＴやＫＤＤＩのような電気通信事業者になるためには、自前の通信網を作る必要があるが、自分で作るより既存の通信網を持っている会社と合併する方が手っ取り早い。

そこで、アメリカではベライゾンなどの

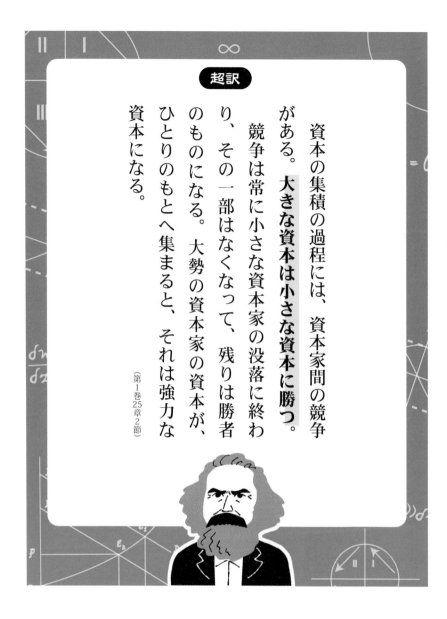

Point

**巨大な資本は小さな資本を吸収し
労働者はさらに搾取される**

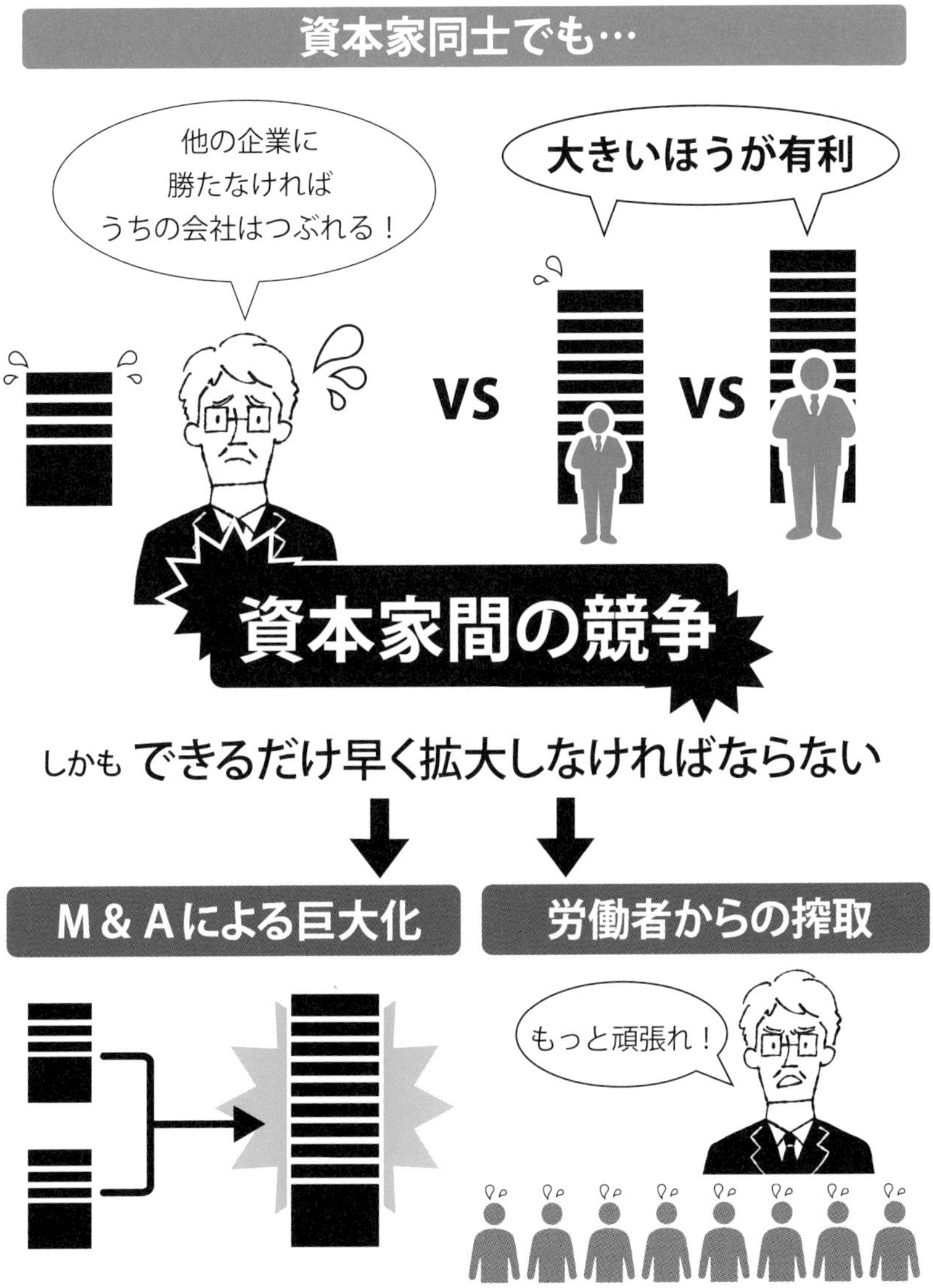
資本家同士でも…
他の企業に
勝たなければ
うちの会社はつぶれる！
大きいほうが有利
VS
VS
資本家間の競争
しかも できるだけ早く拡大しなければならない
M＆Aによる巨大化
労働者からの搾取
もっと頑張れ！

通信会社がM＆Aで他社を合併して、さらに巨大な会社になろうとする。**いったん規模が巨大になると、他社との競争を有利に運ぶことができる**。これは通信というビジネスの特徴に由来するのではなく、どんな業界においても大きければ有利となる。

小さな資本はネズミのように素早く動かなければ、巨大な資本に食われてしまう。利口なネズミは生き残れるかもしれないが、ほとんどのネズミは自分より大きな動物のエサになってしまうのだ。

労働者にとっても困ること

資本家間の競争は資本家にとっても厄介だが、労働者階級にとっても良いことではない。資本家間の競争がある以上、**労働者から搾取できるだけ搾取し、剰余価値を絞りだす資本家が生き残るようになる**からだ。アジアのことわざにある「クジラのケンカでエビの背が裂ける」の通りだ。

4章－4
資本が**巨大**になるしくみ

利潤率は絶えず低下する

超訳

資本主義的生産様式が発展するにつれて、労働生産性も発展し、**利潤率が絶えず低下する**一方、**利潤の絶対量自体は増加していく**。

利潤率が低下すると、資本家が労働を**生産に使用するための最低限の資本の量が増加する**。同時に資本の集積も増加する。なぜなら、ある限界を超えると、利潤率の低い大規模の資本が、利潤率の高い小規模の資本より、**急速に蓄積される**からだ。

（第1巻15章）

大量生産により商品の価格は下がり利潤率も下がる

今あなたが使っているパソコンは、数年前のスーパーコンピュータよりも高性能かもしれない。

なぜなら、その間にテクノロジーの発達で、高度に集積されたチップを**大量生産**できるようになったからだ。

昔よりずっと高性能なのに、値段が安いのは、それが大量生産されるからだ。商品の種類にかかわらず、それが**大量生産されると価格は下がり、利潤率も低下する**。だから、アメリカ最大のパソコン企業だった「Dell」は、時と共に利潤がどんどん低下する現象に苦労してきた。

Point

大量生産では、効率を上げる努力が結果的に資本家の首を締めてしまうことになる

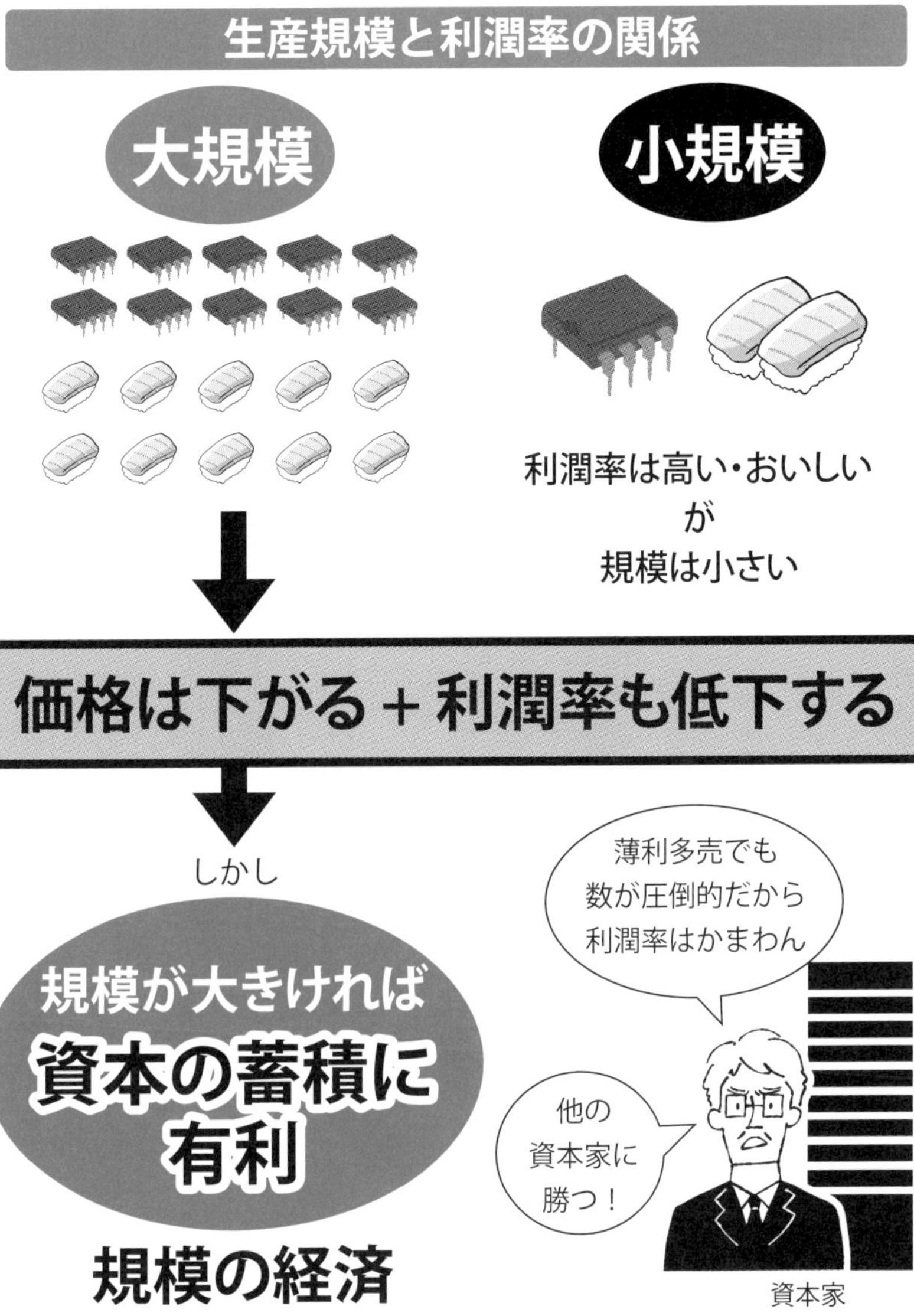
生産規模と利潤率の関係
大規模
小規模
利潤率は高い・おいしい
が
規模は小さい
価格は下がる + 利潤率も低下する
しかし
規模が大きければ
資本の蓄積に
有利
規模の経済
薄利多売でも
数が圧倒的だから
利潤率はかまわん
他の
資本家に
勝つ！
資本家

どの資本も自身の増大のために努力するが、その努力が逆に障壁として立ちはだかるのだから、皮肉である。

大資本化は資本の蓄積に有利

にもかかわらず資本が増大しなければならない理由は、その規模が一定以上になると、**小規模の資本より蓄積に有利になる**からだ。

例えば、一流の寿司職人が、最高の鮮魚で握る高級寿司は、確かに利潤率は高いかもしれないが、それより資本の蓄積に有利なのは、安値の回転寿司チェーンだ。

原材料を大量に購入すると値段が下がるから、大手チェーンは寿司の価格を下げながらも利潤を得ることができる。

こうして「**規模の経済**」の法則で寿司の価格を下げると、客も多くなって売り上げが増大する。

大規模の資本が蓄積に有利なのは、このような理由である。

5章－5
資本主義は**恐慌**から逃れられない

資本は金融の力を借りて大きくなる

超訳

資本を集中させるにあたり、もっとも強力な2つのレバーは**競争**と**信用制度**だ。

信用制度は、最初は資本蓄積の控えめなアシスタントとしてこっそりと入ってくる。そして社会に分散している貨幣を、目に見えない糸で資本家の手に手繰り寄せてくれる。

が、後に競争で**恐ろしい武器に変身**し、その結果**あらゆる種類の資本の集中のための、巨大な社会的メカニズム**になる。

（第1巻25章2節）

生き残りのために金融の力を借りる

上記の超訳文にある「信用制度」とは何のことだろうか？

これは簡単で、**「金融」のこと**だ。金融はお金が必要な人にお金を貸し、そこから利子を得るビジネスだ。そして、それはお金を借りる人が後で元金と利子を返すと「信用」することを前提とする。だから金融システムを「信用制度」と呼んでいるのだ。

会社の合併や、企業規模を大きくするための投資には、資金が必要だ。

資本の規模を増やすには、剰余価値をコツコツ蓄積するのもひとつの手だが、もしライバル会社が銀行から借り入れた大金を武器に攻撃的な投資をしてきたら、一瞬で

Point

借りたものでもお金はお金。レバレッジによって効率が上がる

効率のいいお金の増やし方

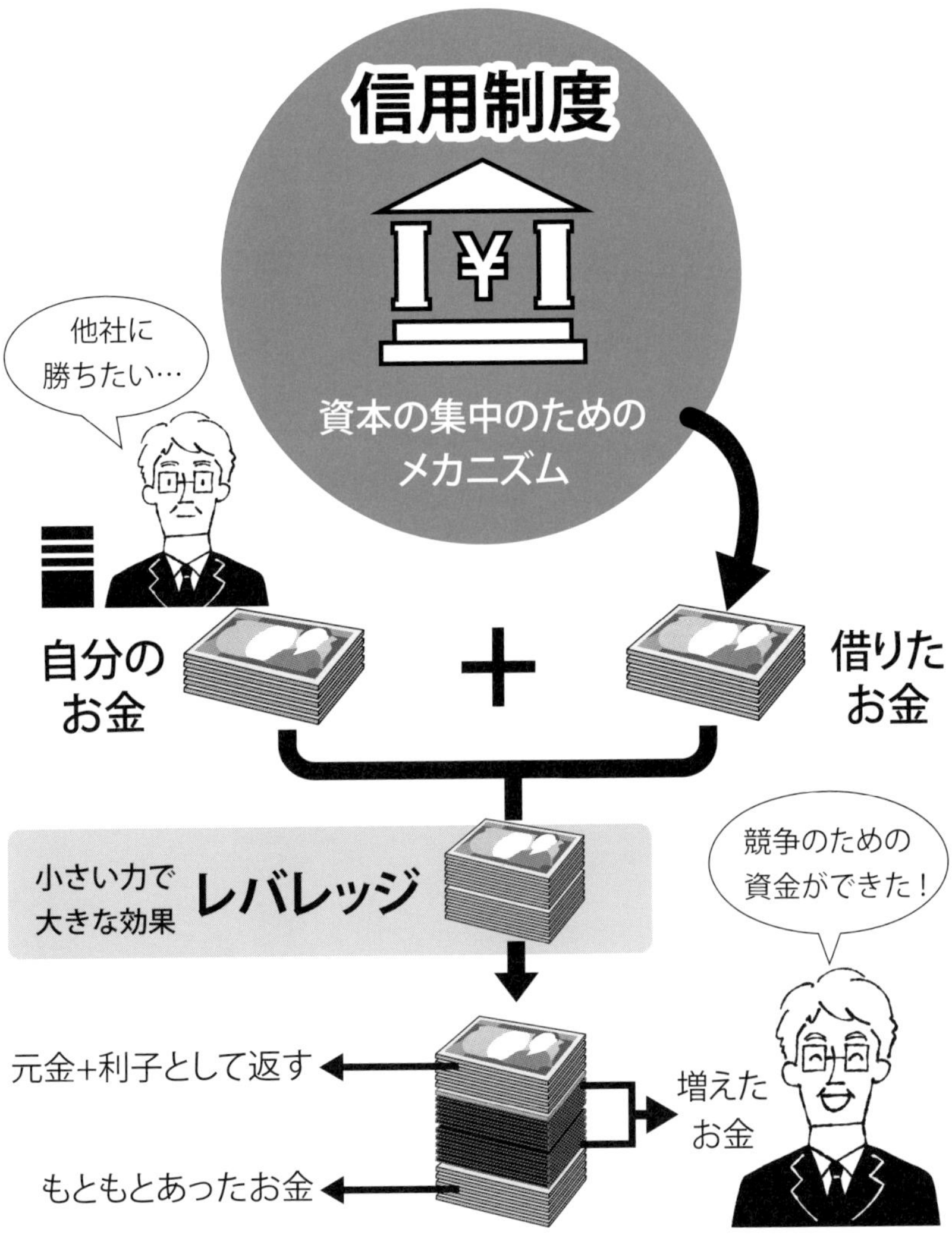

信用制度
¥
資本の集中のための
メカニズム
他社に
勝ちたい…
自分の
お金
借りた
お金
小さい力で
大きな効果
レバレッジ
競争のための
資金ができた！
元金+利子として返す
もともとあったお金
増えた
お金

潰されてしまう。そこで、**競争で生き残るためにも、お金を借りて資本の規模を増大する**ことが必要だ。

レバレッジを使って効率よくお金を増やす

企業が借りた資金は、負債として**財務諸表**に表れる。財務諸表は、全体の資産を資本と負債の2つに分類する。簡単に言えば、資本は自分のお金で、負債は他人のお金だ。自分と他人のお金を合計したものが、全体の資産となる。

財務用語で「資本」というと、単純に自分のお金を意味するが、マルクスの『資本論』の中で資本と呼ぶものは、財務諸表では**資産**に当たる。**強力で巨大な資本を作るためには、それが自分のお金だろうが、他人から借りたお金だろうが、構わない**からだ。

他人のお金を借りて自分の資本を2倍にすると、得られる利益も2倍になる。このようなことを**レバレッジ**という。

豆知識

もし世界に10人しかいなかったら…

資本主義社会の宿命

資本主義社会の特徴は、お金持ちはどんどんお金持ちになり、貧乏な人はどんどん貧乏になることだ。

10人の住人しかいない世界を想像してみよう。彼らはそれぞれ100万円の資産を持っている。だから世界の富は合わせて1000万円だ。そして10人のうち、資本家はひとりだけ。彼のビジネスは急成長しており、1年の間で財産が15%増加している。時間がたつと何が起こるだろう？

10年後、資本家の財産は400万円を突破していた。それから5年が経つと、資本家の財産は800万円を超える。この世の富は全部で1000万円だから、残りの9人の財産を全部合わせても200万円だ。資本家ひとりの財産が、残り9人の財産の合計の4倍となるのである。

もちろん現実の世界では資源の採掘などで世界全体の富が増大するから、全世界の富が1000万円にとどまることはないが、重要なのは地球のリソースには限界があるから、世界の総生産は複利で増加することはない。反面、資本家の富は複利で増大する。

もっと簡単に考えるなら、さっきの事例の資本家が銀行の所有者だとしよう。彼は貸し金業で利子を得るから、財産は複利で増大する。もちろん15%よりは低いだろうが、資本が複利で増大するスピードは、世界の総生産が増大する速度を上回る。したがって、資本家が持つ富以外の富は、減少しなければならない。

この世に自己増殖する富が存在する以上、お金持ちはどんどん多い富を所有するようになり、それに伴って残りの人の財産は減少していくのが、資本主義社会の宿命なのだ。

Ultra Das Kapital Translated

5章
資本主義は恐慌から逃れられない

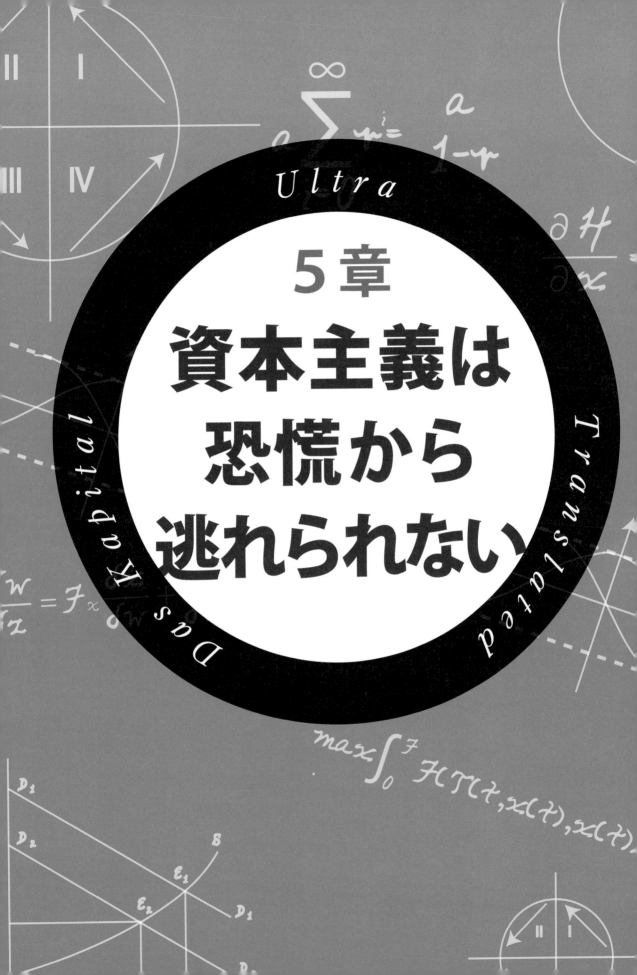

5章－1
資本主義は**恐慌**から逃れられない

生産と消費の不均衡が恐慌を生む

超訳

社会の総生産は2つの部門で構成される。
Ⅰ　生産手段を生産する部門
Ⅱ　消費材を生産する部門
そして、両方とも可変資本と不変資本とで構成されている。

Ⅰ部門（生産手段部門）がお金を支払って、Ⅱ部門（消費材部門）から商品を購入したとしよう。この商品の価格には、Ⅱ部門が商品を生産するときの機械の摩耗（減価償却）の分が含まれている。だから、Ⅱ部門は時間がたった後に機械を交換するときのために、**その分のお金を使わず積み立てる**。

例えばⅠ部門が2000を購入して、そのうち200が摩耗の分ならば、Ⅱ部門はその200を**使わず積み立てておく**。その分は、機械を交替するまで、しばらくⅡ部門に戻らない。

したがって、Ⅰ部門にはⅡ部門に比べて200の分が過剰生産されたことになる。
（第2巻20章）

問題は商品ごとの周期の違い

本文が難しそうなら、この解説だけ読んでも良い。

この世界に、2つだけ会社があるとしよう。生産機械を生産する**「（株）機械会社」**と、食べ物を生産する**「（株）食品会社」**である。

機械会社に勤める労働者や、その資本家は、食べ物を食べなければ生きていけないので、食品会社から食べ物を買う。

食品会社には機械が必要だから、持っていた機械の寿命が尽きると、機械会社から機械を購入する。

ここで機械会社の社員たちの消費と、食品会社の社員たちの**消費には差が生じる**。

機械会社が食べ物を買いに来たとき、食品

Point

商品ごとに異なる「消費の周期の差」が恐慌をもたらす

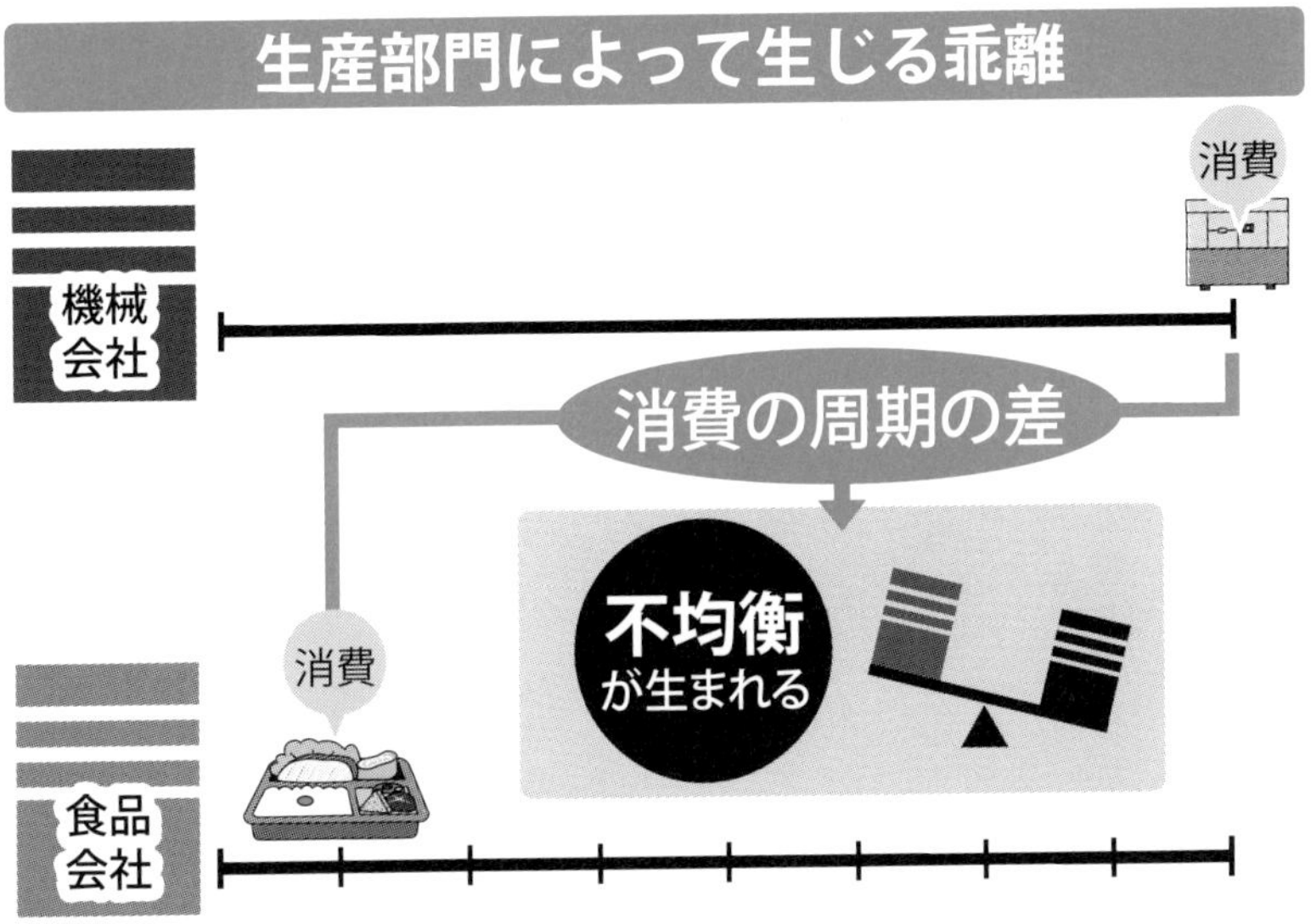
生産部門によって生じる乖離
機械会社
消費
消費の周期の差
不均衡が生まれる
消費
食品会社

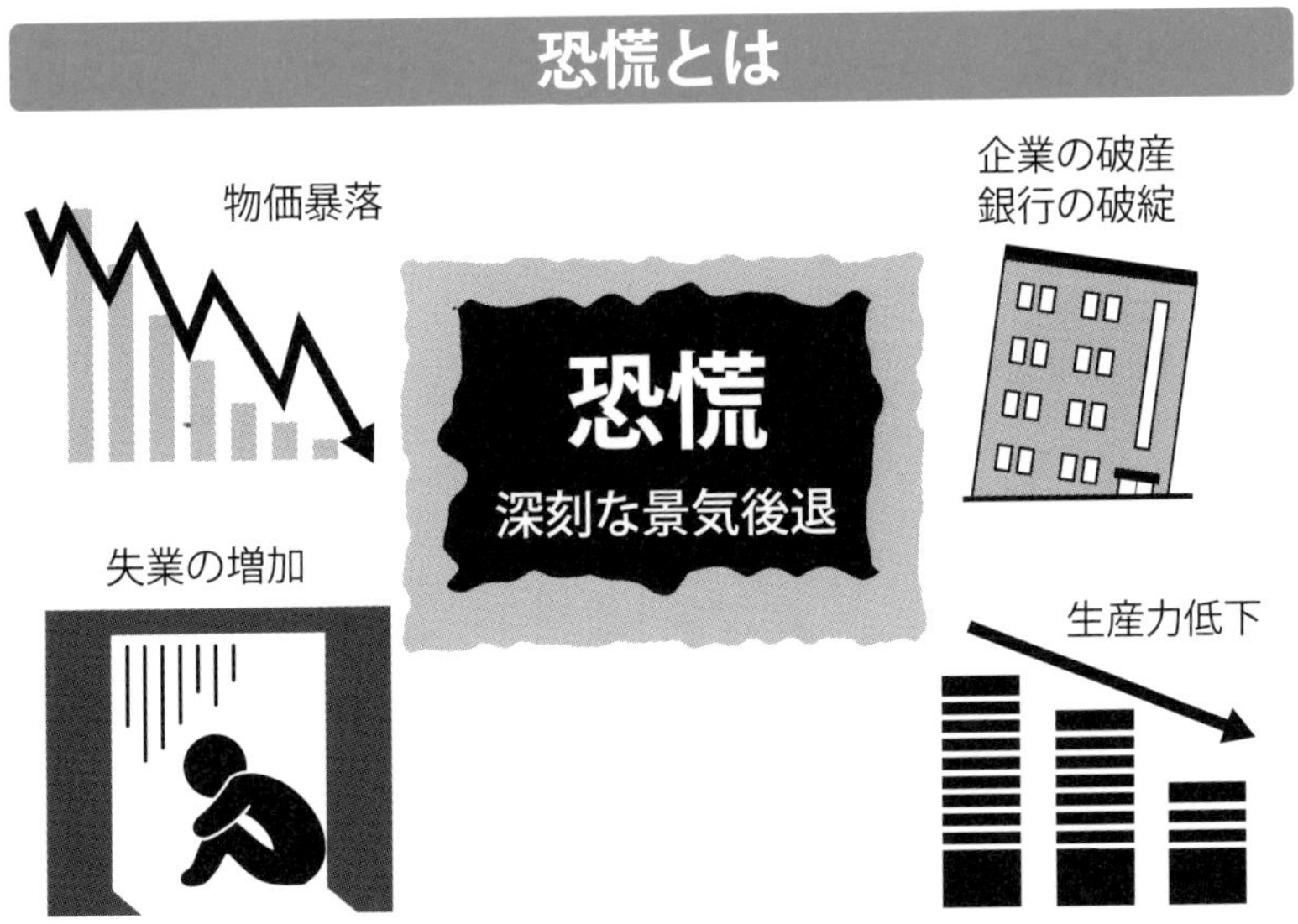
恐慌とは
物価暴落
企業の破産
銀行の破綻
恐慌
深刻な景気後退
失業の増加
生産力低下

会社は売り上げの一部を積み立てておく。それは後で生産機械を買うための**資金**だ。一方、食品会社が機械を買いに来たとき、機械会社にはその一部を積み立てておく必要はない。生産機械を、自分たちで作れるからだ。

　すると、食品会社から流出するお金の量は、機械会社から流出するお金の量より常に少なくなる。

　食品会社は機械会社とは違い、売り上げの一部を、次の生産機械を買うときのために貯蓄しているからだ。その状態は機械の寿命が尽き、新しい機械を買うときまで続くだろう。

　単純化して説明したが、要点は伝わったはずだ。

　生産物の種類や性質によって、その**生産と消費の周期は違うため、その乖離から不均衡が生じる**。様々な原因によってその不均衡の期間が長くなると、**恐慌**（過剰生産によって価格の暴落、失業の増加、破産、銀行の破綻などが起こる現象）が発生する可能性が出てくるのだ。

5章－2
資本主義は**恐慌**から逃れられない

景気が悪いと消費が二極化する

超訳

Ⅱ部門（消費材の生産部門）の労働者は、Ⅱ部門の資本家から貰った賃金で、自身の生産物の一部を買うことがはっきりしている。つまりⅡ部門の労働者は、労働力に投下した資本を、再び貨幣の形態に変化させて戻してくれる。

Ⅱ部門の生産物は「生活必需品」と「贅沢品」の２つに分類することができる。

生活必需品は、資本家も労働者も消費するが、贅沢品は資本家階級の消費に限るため、労働者から搾取した剰余価値からの支払いと交換されるだけだ。

ところが、**恐慌のときには贅沢品の消費が減少する**。つまりそれは、贅沢品生産の可変資本の、貨幣資本への転化を停滞させる。そこで、贅沢品を生産する労働者は解雇される。その結果、彼らが消費していた**生活必需品の販売も減少する**というわけだ。

（第2巻20章）

不景気の時は両極端の価格の商品だけが売れる

景気が良くないときは、高価な商品と安価な商品の消費傾向が、二極化する傾向があるという。

景気が悪いときにも、お金持ちは以前のように高価な商品を買うことができるが、平均的な価格や安い商品を購入していた中産階級は、どんどん安値の商品に流れるようになる。「ダイソー」などの１００円ショップの登場も、そんな傾向を反映しているのかもしれない。

結果、中間の価格の商品は販売されず、**両極端の価格の商品だけが売れる**結果になる。そしてそれは、**中産階級の没落**を意味

Point

不景気の時は富裕層が贅沢品を買うが
恐慌が起きると富裕層も消費をしなくなる

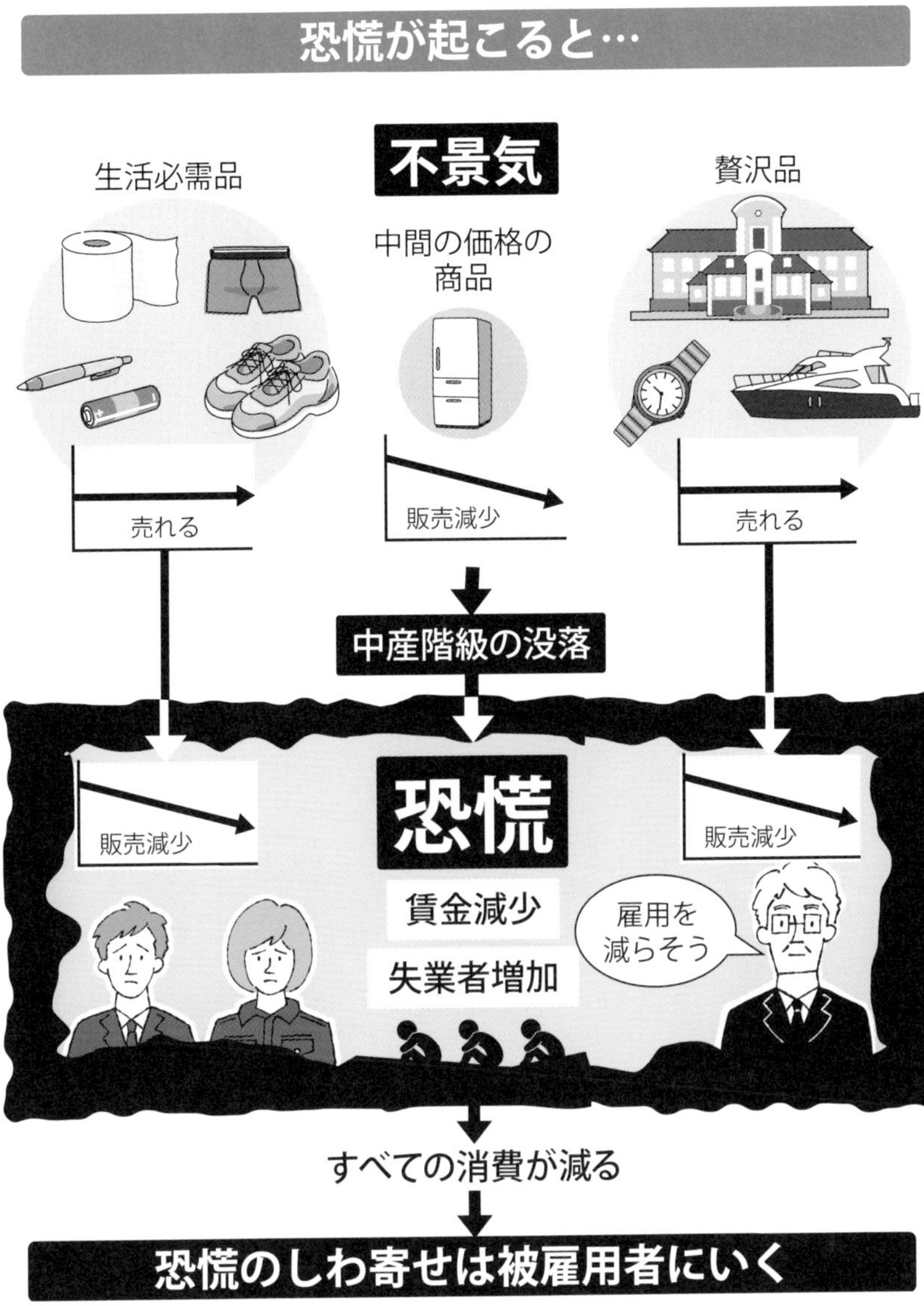

恐慌が起こると…
不景気
生活必需品
中間の価格の商品
贅沢品
売れる
販売減少
売れる
中産階級の没落
恐慌
販売減少
販売減少
賃金減少
失業者増加
雇用を減らそう
すべての消費が減る
恐慌のしわ寄せは被雇用者にいく

する。

恐慌のしわ寄せは被雇用者にいく

恐慌が起こると、お金持ちも消費を減らす。つまり、**贅沢《ぜいたく》品の販売も減少**することになる。

実際に、2007年に世界同時金融危機が発生した後、巨大な邸宅やヨットなどの販売は激減したという。もちろん大邸宅やヨットは極端な事例だが、高価な商品の消費は全般的に減少する。

景況がこうなると、高級品を生産していた資本家は労働力にかかる費用を減らそうとする。**被雇用者の賃金が減少したり、解雇される結果になる**のだ。

こうして被雇用者階級が使うことができるお金の量が減ると、社会全般の消費も減る。

ひとつひとつの事象が連鎖反応を起こすことによって悪循環が発生し、経済は泥沼へと沈んでいくのだ。

5章－3
資本主義は**恐慌**から逃れられない

消費を増やしても不況は解決できない

超訳

資本家の収入は剰余価値の一部であり、残りのすべては資本に付け加えられる。

蓄積が消費の費用を通じて行われるというのは、資本主義的生産の性質と矛盾する虚像である。なぜならそれは、**資本主義的生産の目的と動機が**、剰余価値の獲得とそれを資本に変えること（すなわち蓄積）ではなく、**消費にある**と定義しているからである。

（第2巻21章）

消費を増やせば不況は克服できるのか

「不況を克服するためには、もっと消費をしなければならない」といった主張を聞いたことがないだろうか。

大衆がたくさんのお金を市場に落とせば、それが企業に流入し、善循環が起こるという論理だ。

だが、マルクスはこのような主張は間違っていると喝破《かっぱ》している。

資本主義システムでは、**経済成長のエネルギーは消費にあるのではなく、剰余価値の獲得と、資本の増殖**にある。この点を変更することなく不況を克服するのは不可能だ。いくら消費を増やす施策をとっても、無駄に終わる。

Point
経済成長のエネルギーは剰余価値の獲得と資本の増殖にある

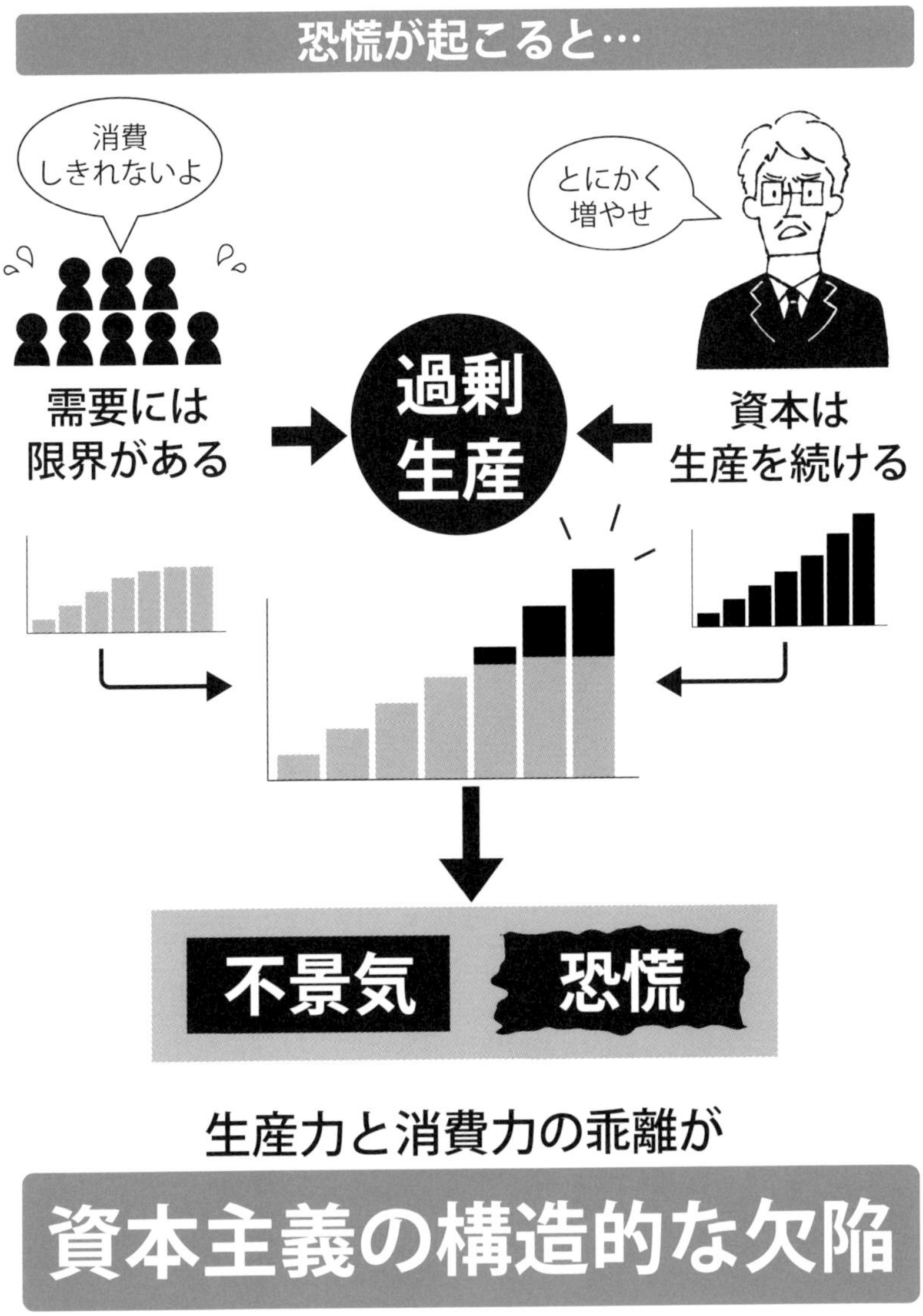
恐慌が起こると…
消費
しきれないよ
とにかく
増やせ
需要には
限界がある
過剰
生産
資本は
生産を続ける
不景気
恐慌
生産力と消費力の乖離が
資本主義の構造的な欠陥

資本の自己増殖と過剰生産が被雇用者をさらに追い詰める

資本は絶えず増殖していく反面、労働者階級の富はその分減少していく。こうして資本が増殖すればするほど、大衆の購買力は低下する。**被雇用者階級の賃金には限界がある**のだ。

需要には限界があるのに、資本は自己増殖のために絶えず生産を続けるから、その結果は**過剰生産**になる。生産力と消費力の違い——その乖離《かいり》から不況や恐慌が発生するのだ。

この乖離が解消されない以上、いくら貨幣を多く発行しても、いくら利子を下げても、需要や投資が増加することはない。資本を投下してもそれが増殖することができなければ、投資が活発になることもないし、雇用が活発になることもない。

各国の政府がいくら努力しても、**資本主義の構造的な欠陥**により、不況の根本的な原因は解消されない。

5章－4
資本主義は**恐慌**から逃れられない

資本主義社会では恐慌が周期的に起こる

超訳

恐慌が、支払能力のある消費や消費者の不足で起こるというのは、同語反復にすぎない。商品が売れないのは、**支払能力のある購入者を探し出すことができない**ことを意味するだけだ。

資本主義的生産は善意や悪意とは関係のない、ある種の状態で構成されており、その状態が**労働者階級の繁栄を一時的に限って許し**、それが恐慌の兆候となるように見える。

（第2巻20章）

恐慌の原因は不明

実は、現代の主流の経済学理論では、**恐慌の原因を分析することができない**。

恐慌は資本主義社会に周期的に発生しているのに、主流の経済学理論で説明できないのは不思議に感じるかもしれないが、これが現実である。

そもそも恐慌のメカニズムを熟知していたら、２００７年の世界同時金融危機などの発生も防げただろう。誰もその原因と解決法を知らないのが恐慌なのだ。

労働者が豊かになるのは一時的

マルクスの『資本論』の要諦を２つ選ぶと

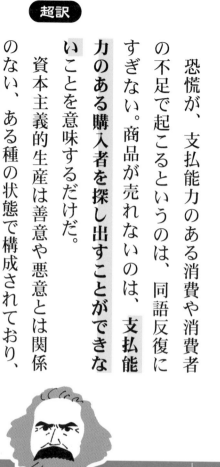

Point

一時的な「労働者の豊かな時間」は恐慌によって終わる

周期的な景気の循環

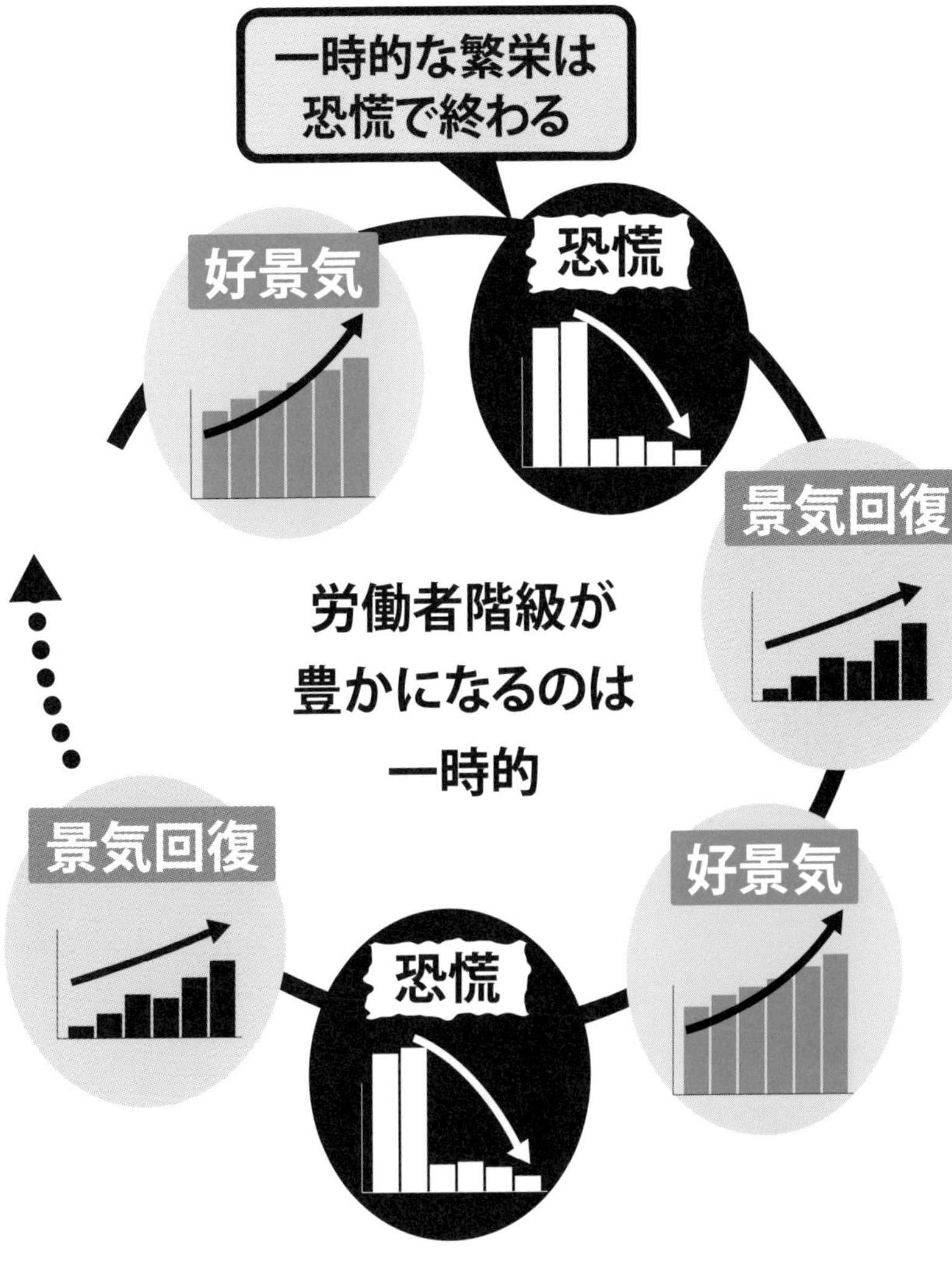
一時的な繁栄は
恐慌で終わる
恐慌
景気回復
好景気
恐慌
景気回復
好景気
労働者階級が
豊かになるのは
一時的

すれば**「剰余価値」**と**「恐慌」**についての部分だという。

もちろんひとつだけ選択するなら剰余価値論だろうが、資本主義に周期的に恐慌が起こるのが必然的なことだと言ったマルクスの洞察は、驚くほど鋭い。

経済的な繁栄が訪れると、それが永遠に続くかのように思われるが、恐慌はそのクライマックスに突然襲ってくる。

1980年代のバブル崩壊を見れば分かりやすい。不動産取引で莫大な富を築いた歌手・千昌夫が一瞬で没落し、3000億円に及ぶ借金を背負うことになった事例を見ると、恐慌の恐るべき威力が実感できる。

好景気のときは、金融によってすべての資産が実体より過大評価され、**労働者階級も比較的豊かになる**。こうして繁栄を謳歌する労働者階級も浪費する生活を始めるが、それは一時的な現象である。その**終末はいつも恐慌**だ。

繁栄がいつも恐慌で終わり、また繁栄がやってくる。これが**周期的に繰り返される**のが資本主義の特徴なのだ。

5章－5
資本主義は**恐慌**から逃れられない

恐慌は資本主義の矛盾に対する回答

超訳

恐慌は資本主義の矛盾に対する、瞬間的で強制的な解決法である。

恐慌は**歪曲された均衡を一時的に元通りに回復する、乱暴な爆発**なのだ。

その矛盾は、資本主義的生産が、それが持つ価値や剰余価値、生産が行われる社会的状況に構わず、生産力を増大しようとする傾向によって発生する。

（第3巻15章）

レバレッジによって現実の資産価値が歪曲される

資本は自己増殖の欲望により、**レバレッジ**を使おうとする。レバレッジとは71ページで見た通り、金融機関からお金を借りて、自己資金より多いお金で投資する様子を、レバー（てこ）に見立てた用語である。例えば、1000万円を投資して500万円を得られるところに1億円を投資すれば、5000万円を得られる計算になる。

レバレッジが多く使われると、**現実の資産価格が歪曲されていく**。資本主義システムではいつもレバレッジが使われているため、**資本主義の好況はいつもバブル**だと言える。

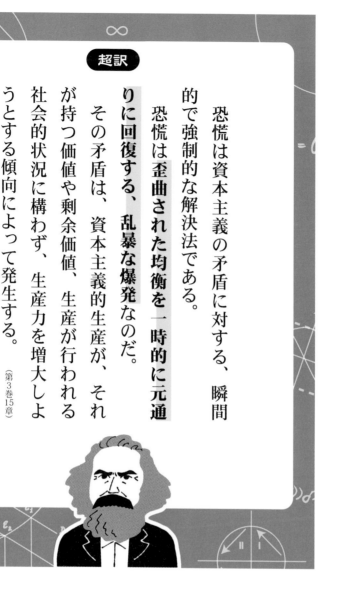

Point

レバレッジによる資産の過大評価が恐慌の原因のひとつ

レバレッジによる価格の歪曲が恐慌を生む

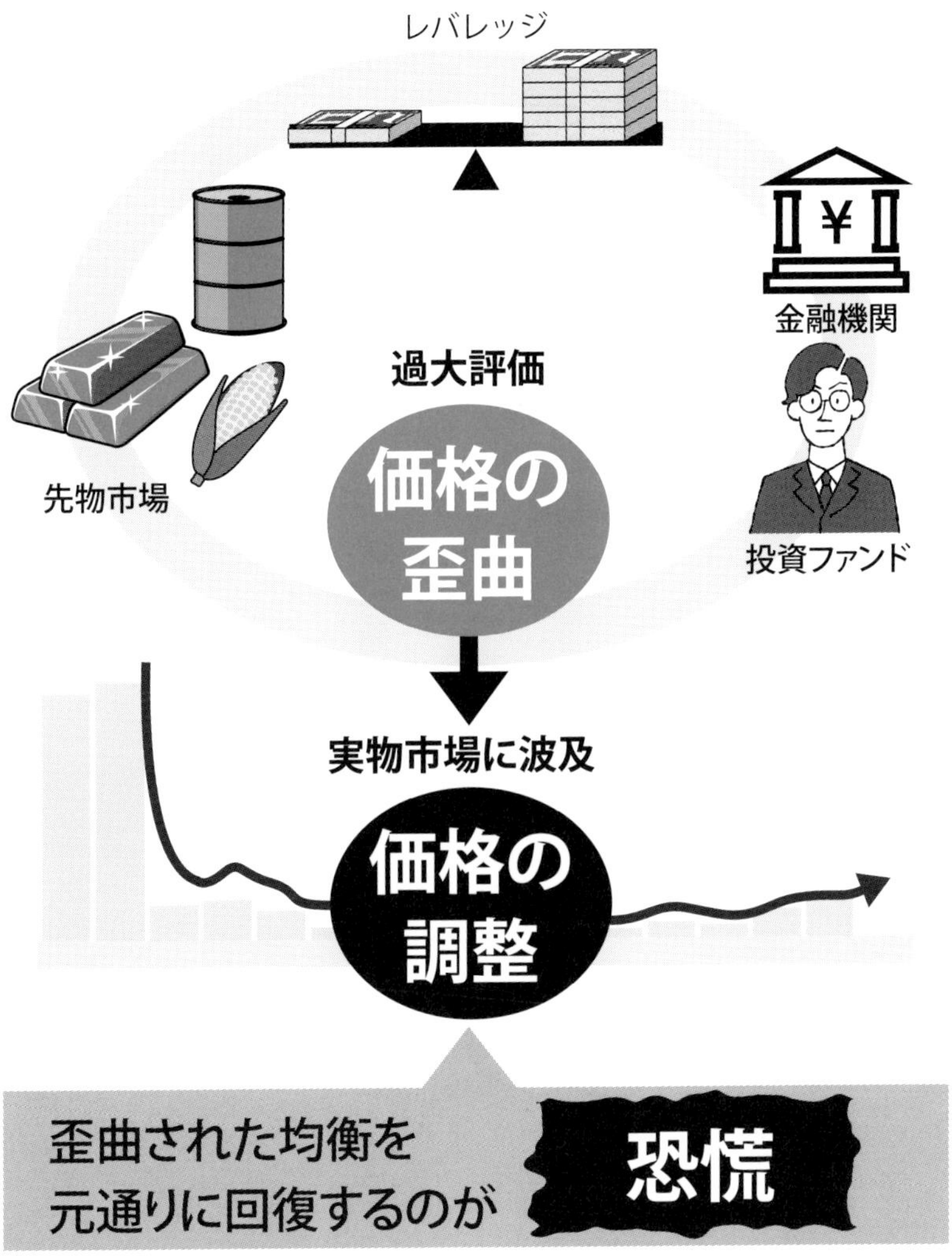
レバレッジ
金融機関
過大評価
先物市場
価格の歪曲
投資ファンド
実物市場に波及
価格の調整
歪曲された均衡を
元通りに回復するのが
恐慌

最近はコンピュータプログラムによる売買で先物などの派生商品に投資する技法が投資ファンドで多く使われているため、それが農産物などの価格を上げている。

ファンドの投資金が先物に多く投資されると、その需要が実際より多く見え、価格が歪曲されるのだ。

先物は証拠金さえあればその数倍の取引が可能なので、それ自体がレバレッジ効果を持つ。このように、**金融はレバレッジ効果で資本を誘惑する**のである。

過大評価の結果は恐慌

問題は、資産の実際の価格が金融というレバレッジによって**過大評価**されると、価格の小さな下落でも実物市場で借りたお金を返すことができない人が生じることだ。

こうなると、連鎖反応によって過大評価されていた**資産の価格が暴落**してしまう。こうして大勢がお金を失い、それが社会全般に広がることで、金融機関も連鎖的に破産してしまい、恐慌がやってくるのである。

もっとも恐ろしいのは自己増殖する資本そのもの

超訳

資本主義的生産の本当の障壁は、資本それ自体である。資本と、その自己増殖は、生産の始まりと終わりであり、動機にして目的である。

（第3巻15章）

資本主義は人間の本性に基づいている

あなたが9億円の資産を持っていたとして、「私はこんなにお金を持っている。ああ、満足だ」という気持ちになるだろうか？　まずならない。人は9億円資産があれば、10億円に増やしたいと思うものだ。

これは、あなたが特別貪欲だからではない。自分がいる位置より、**もっと高い目標を目指すのは、人間の本性**である。そして、**資本主義システムは、このような人間の本性に基づいている**。

怖いのは資本そのもの

昔は必要な物を作るために生産活動をし

Point

資本主義は人間の本性に基づいて作り出されたものである

人間の理想と本性

自給自足の社会
森の中で必要な物だけ作って満足できればいいが…
資本主義社会
もっと欲しい！
と
思ってしまうのが
人間の本性
労働者
資本家
労働者
投資ファンド

たが、資本主義社会では資本を増大させるために生産活動をする。

前者と後者には、根本的な差がある。前者では、金融機関からお金を借りてまで生産性を高める必要はない。

だが、資本の増殖を目的とすれば、できるだけ多くの商品を短い時間で生産し、利潤を最大化しなければならない。そして、金融から借金をしてレバレッジを活用し、増殖の速度を加速させなければならない。

だが生産性の発達は必然的に利潤率を低下させてしまうため、資本を増大させるための努力が、逆に自分の成長を鈍らせる要因になってしまう。

これはまるで、速く走れば走るほど、空気抵抗が強くなり、走る速度が遅くなっていくことに似ている。

そしてレバレッジの活用も、資産の価値にバブルを起こし、それが一瞬でも崩れると恐慌が訪れる。

だから、**資本が成長するときにもっとも恐ろしい障害物は、自己増殖を目的とする、資本自体**だと言うことができるのだ。

おわりに

「じゃあ、どうすればいいの？」

『資本論』は論理的に構成された本だが、読む人を怒らせる力を持っている。

特に**「資本家が、労働者が生み出す剰余価値を奪い、それを富の源泉にしている」**という理論に初めて接した人は、誰でも衝撃を受ける。

サラリーマンなら、誰しも自分が会社のために働いていることを知っているが、それをここまで論理的な証明過程を通じて「あなたは資本家のためにタダ働きしている」と突きつけられた経験がないからだろう。

さて、本書を読んだ読者は、こう思ったことだろう。

「じゃあ、私たちはこれからどうすればいいの？」

『資本論』は資本主義を分析するだけで、代案を提示しない。マルクス自身は資本主義の代案が共産主義だと考えたが、その失敗まで予見できなかったのは、時代の限界だと言える。

これから必要になる能力

以前は、自分の専攻分野ひとつだけを勉強し、良い会社に入って、定年まで勤務すれば良かったかもしれないが、未来はそんな時代ではないことを、多くの学者が予測している。

未来の世界で生き残るためには、金融、投資、税金、いろいろな財産権の知識はもちろん、**ビジネス戦略に関する能力**を育てなければならない。

筆者の周りを観察してみても、お金持ちの子どもたちは親の教育や家庭の雰囲気によって、投資の技術やお金の管理方法の基本をいち早く身につける。

それは親が直接教育せずとも、親の生き方の影響で**「自分が生きるために何を知らなければならないか」**を考えるようになるからだ。

そこで、あなた自身はもちろん子孫のためにも、**自身を縛る既存の価値観から自由になる必要がある**。

普通の人は、支配階級が楽をするために大衆に詰め込んだ価値観のせいで、自分の利益に反した

じゃあ、どうすればいいの？

やかんのフタに穴を開けろ

とある日本のサラリーマンは、暖炉の上のやかんの水が沸騰して、フタがガタガタ動くことが気になったので、釘を打ってフタに穴を作ったという。すると穴から水蒸気が出てフタが動かなくなった。
彼は急いでそのアイディアを特許申請した。
やがて彼は多くのロイヤリティー収入を得たという。

日々の生活に落ちている、ありふれた、しかし素晴らしいアイディアを見逃さず、自分の権利にしよう

行動をすることが多い。良いアイディアがあっても、自分でビジネスをするより、会社に奪われるのを良しとする。

それはビジネスをする方法を学んだこともないし、考えたこともないからだ。「自分が起業するなんてどうせ無理だ」と決めつけているからだが、この考えを少し変えて成功した人はたくさんいる。

関心と野望を呼び覚ませ

ほとんどの人は十分に努力しているし、多くは自分の専門分野で身につけた能力を持っている。**問題は努力・能力の不足ではなく、関心・野望の不足**ではないだろうか。

支配階級は、あなたが野望も勇気もなく、ひたすら自分に与えられた仕事に没頭することを望んでいる。自分を犠牲にして支配階級のために働く姿勢が正しいと思う、規格化された人間が多ければ多いほど、彼らにとっては利益になる。

自分にとって不利な価値観から抜け出すには、自分のやりたいことを見つけ、野望を持って進化し続けることだ。本書が、スタートラインに立つあなたの背中を押すことになれば幸いだ。

【著者】
許 成準（ホ・ソンジュン）

2000年KAIST（国立韓国科学技術院）大学院卒（工学修士）。ゲーム製作、インスタレーションアートなど、様々なプロジェクトの経験から、組織作り・リーダーシップを研究するようになり、ビジネス・リーダーシップ関連の著作を多数執筆。

主な著書に『超訳 孫子の兵法』『超訳 君主論』『超訳 論語』『超訳 アランの幸福論』（小社）、『1日ごとに差が開く　天才たちのライフハック』（すばる舎）などがある。

図解　超訳 資本論

2022年3月18日第一刷

著　者　許 成準

イラスト　mutsumi

発行人　山田有司

発行所　株式会社　彩図社
東京都豊島区南大塚 3-24-4
MT ビル　〒 170-0005
TEL：03-5985-8213　FAX：03-5985-8224

印刷所　シナノ印刷株式会社

URL　https://www.saiz.co.jp
https://twitter.com/saiz_sha

　ISBN978-4-8013-0588-5 C0030